너무 재밌어서
잠 못 드는 세계사

너무 재밌어서
잠못 드는 세계사

———

초판 1쇄 발행 2016년 10월 10일
초판 4쇄 발행 2019년 12월 13일

지은이 우야마 다쿠에이
옮긴이 오세웅

펴낸이 이상순 **주간** 서인찬 **편집장** 박윤주 **제작이사** 이상광
기획편집 박월, 김한솔, 최은정, 이주미, 이세원 **디자인** 유영준, 이민정
마케팅홍보 이병구, 신희용, 김경민 **경영지원** 고은정

펴낸곳 (주)도서출판 아름다운사람들
주소 (10881) 경기도 파주시 회동길 103
대표전화 031-8074-0082 **팩스** 031-955-1083
이메일 books777@naver.com
홈페이지 www.books114.net

생각의길은 (주)도서출판 아름다운사람들의 교양 브랜드입니다.

———

너무 재밌어서

잠 못 드는 세계사

일본 3대 입시학원 최고의 세계사 스타 강사
우야마 다쿠에이가 들려주는 명강의

우야마 다쿠에이 지음 | **오세웅** 옮김

들어가며

"세계사를 제대로 공부해두었다면 좋았을걸."

"학생 때 세계사를 열심히 공부하지 않아서, 시중에 나온 세계사 책을 읽어봐도 잘 모르겠어."

해외여행이라도 가게 되면 많은 사람들이 세계사 공부를 제때 하지 않은 것을 아쉬워합니다. 하지만 세계사는 나이에 상관없이 언제라도 다시 공부할 수 있습니다. 정년퇴직한 사람, 현역에 종사하는 사람이라도 말이지요.

마음먹고 세계사 책을 읽어봐도 이해가 가지 않는다는 사람들도 제법 있습니다. 일리가 있지요. 세계사의 개요를 다룬 책을 읽어보면 역사 용어, 각종 연표가 빽빽하게 들어 있습니다. 초심자에게는 부담스러울 게 틀림없습니다. 분명 제목에는 '세계사 입문'이라고 쓰여 있지만 독자에게 전혀 익숙하지 않은 어려운 역사 용어들이 머리를 아프게 만듭니다.

"지금에 와서 새삼스럽게 역사 용어를 외우기는 싫다. 하지만 역사의 본질은 알고 싶다."

이런 생각을 가진 독자를 위해 이 책을 기획했습니다. 일반적으로 역사의 본질을 공부하려면 난해하고 두터운 학술서 혹은 전문서적의 문을 통과해야 합니다. 일반인에게는 너무 높은 장벽이지요.

일반 독자에게 역사의 본질을 알기 쉽게 전하는 한편 수박 겉핥기식으로 너무 단순하지 않을 것. 또한 물컹거리지도 않으면서 딱딱하지 않게, 아쉬움이 남을 만큼 짧지도 않고, 지루할 만큼 길지도 않게. 그렇게 균형을 맞춘 세계사 해설이 바로 이 책입니다.

그럼, 시작해볼까요.

차례

PART 3 중세 ● 79

PART 6 **현대**   • 263

PART 1

세계사의 기본 규칙

강자와 약자를 가르는 계급, 권력을 쥐고 지배하는 국가…
이것들은 왜 생겨났을까요?
또한 나중엔 왜 붕괴되는 것일까요.
세계사의 기본 규칙을 알아봅시다.

세계사를
시작하기 전에

역사를 과대평가하지 마라

우리는 왜 역사를 공부할까요?

과거를 알고, 현재도 알려고?

현재를 살아가는 교훈을 얻으려고?

우리의 뿌리를 알기 위해…?

모두 추상적인 대답에 불과할 뿐 구체적이고 분명한 핵심은 빠져 있습니다.

역사에서 배운 교훈이 현실에서 얼마나 도움이 될까요?

단도직입적으로 말하자면 전혀 도움이 되질 않습니다. 도움이 될 것 같은 착각이 들 뿐이지요. 역사 속 위인들의 행동과 사고방식은 너무 위대해서 우리는 흉내도 내기 힘들뿐더러 귀감으로 삼기에도 벅찹니다.

'과거의 인물, 사회의 패턴을 알면, 미래를 예상해볼 수 있다'는 주장이 일반적으로 통용되고 있습니다. 물론 역사에는 패턴과 법칙이 존재합니다. 그것을 미래에 응용하지 못하리라는 법은 없습니다. 하지만 그러한 역사의 패턴과 법칙을 구체적으로 미래에 어떻게 적용해서 생각할지는 전적으로 개인의 판단력에 따를 문제이지 역사를 알고 모르고의 문제는 아닙니다.

역사 속에 나온 전쟁의 패턴을 숙지하고 있다고 해서 전쟁터에서 늘 올바르고 정확한 판단을 내린다고 보기는 어렵습니다. 마찬가지로 과거의 정치사를 쭉 연구했던 사람이 유능한 정치인이 된다는 보장도 없습니다.

역사적 교훈을 얻기란 쉽습니다. 하지만 그것을 현실이나 미래의 예상에 실제로 응용하려면 역사의 연구와는 별도의 차원에서 대단한 능력이 요구됩니다. 그 능력을 갖춘 사람은 아주 드물거나 특수한 사람일 것입니다. 역사적 교훈을 현실에 살리는 것은 생각만큼 쉽지 않거든요.

아예 유능한 장군이나 정치인이 목표라면 '적어도 과거의 전쟁이나 정치의 패턴을 알아둘 필요가 있다'고 말할 수 있습니다. 과거의 패턴이 판단의 기준이 될 수 있기 때문이지요(다시 말하자면 과거의 패턴을 안다고 해서, 올바르고 정확한 판단을 내린다고 장담할 수는 없습니다).

마찬가지로 유능한 경영자나 리더가 되려면 과거의 리더들이 보여준 처세술의 패턴을 어느 정도 알아두어야 합니다. 그런 의미에서 역사는 리더 양성을 위한 커리큘럼을 하나로 묶어낸, 즉 '제왕학'이라고 부를 수도 있습니다.

역사를 즐기는 이유

리더가 되려는 강력한 목표를 가진 일부 사람들을 위해서는 '역사=제왕학'이라는 공식이 알맞겠지만, 보통 사람들인 우리가 무엇 때문에 역사를 배울까요?

단연 '재미있기 때문'입니다!

역사는 엔터테인먼트입니다. 즐길 수 있는 오락이라는 이야기지요! 역사는 영화나 소설처럼 교묘한 허구가 아닙니다. 실제로 일어났던 일, 인간의 행동 패턴이 보여주는 리얼리티지요. 그 리얼리티 중에서 가장 재미있고 특기할 만한 사항만 모아놓은 것이 역사입니다. '사실은 소설보다 더 기묘하다'라는 말처럼 역사라는 사실은 허구 이상으로 기이한 것들이고, 나름대로 근거에 의해 쓰인 것이기에 엔터테인먼트로서 더할 나위가 없지요. 이것이야말로 보통 사람들에게는 역사를 배울 유일한 이유입니다.

대부분은 학교 다닐 때 역사 공부를 싫어했던 적이 있을 겁니다. 연표, 인명을 억지로 외워야 하니 지겨울 수밖에 없지요. 학교에서 강요하는 재미없는 역사이기 때문입니다. 하지만 지적인 발견이 있고, 경이로움에 가득 차 있기에 진짜 역사는 재미있습니다. 그 재미를 이 책을 통해 여러분과 함께 나누고 싶습니다.

시중에는 '역사비화' 같이 호기심을 끌거나, 숨겨진 이야기, 에피소드만 모아놓은 책이 꽤 많이 나와 있습니다. 그런데, 여러분은 그런 책들이 진짜 재미있다고 생각하나요?

별 소용없는 이야기만 잔뜩 모아놓은 데다, 싸구려 사기꾼에게 걸려든 것 같은 느낌을 받은 독자도 많을 겁니다.

여기서 말하는 역사의 재미는 그런 겉치레 포장이 아닙니다. 과거의 심층에 존재하는 진실의 입체적인 모습에 이끌리는 것, 그것이 역사가 우리에게 선사하는 '리얼리티 엔터테인먼트'입니다.

역사는 다소 고급스런 취향의 엔터테인먼트일 수 있습니다. 누구나 쉽게 빠져들 수 있는 분야는 아닙니다. 금세 푹 빠져드는 엔터테인먼트는 얼마 못 가서 질립니다. 그렇지만 역사는 그것에 재미를 붙이면 그 고급스러운 맛에 이끌려 그 속에 오래, 그리고 흠뻑 빠질 수 있습니다. 일단 역사를 향해 한 발자국 전진한다는 게 중요합니다.

역사는 엔터테인먼트입니다. 게다가 '세상에서 가장 재미있는' 리얼리티 엔터테인먼트입니다.

역사의
구조

역사의 필수 복선, 계급투쟁

칼 마르크스는 '공산당 선언'(1848년)에서 "지금까지 모든 사회의 역사는 계급투쟁의 역사다", "계급투쟁이야말로 사회이며, 역사다"라고 말합니다. 사회의 본질을 이만큼 명확히 꿰뚫은 테제(These, 명제)는 없을 겁니다. 인간이 모여 이루는 사회가 존재하는 한, 동서고금을 막론하고 마르크스의 테제는 딱 들어맞습니다.

인간은 세 명 이상 모이면 반드시 파벌(동맹자)을 만듭니다. 그 경우, 힘의 관계를 가늠하면서 약한 두 명이 동맹해서 강한 한 명에게 대항하거나, 강한 두 명이 약한 한 명을 공동으로 제압하는 등, 힘의 관계에 따른 합종연횡이 전개됩니다.

힘에는 무력, 지력, 매력을 포함해 국력, 개인력, 씨족력 등 다양한 형태가 있습니다. 그러한 힘 속에서 인간이 파벌이나 세력을 형성할 때 가장 중요하면서 보편적인 기준이 되는 것이 바로 경제력입니다.

경제적인 빈부 차이가 계급을 형성하면서 그 계급은 흔들림이 없는 파벌이자 세력의 결속을 나타내는 지표가 됩니다. 풍요롭게 사는 사람과 가난하게 사는 사람. 이 구분이 다른 구분보다 우선시되어 인간이 이루는 사회의 숙명적인 테제로서 존재합니다.

친구나 동료끼리는 빈부의 차이에 크게 영향을 받지 않고 서로 마음이 맞는다는 이유만으로 같은 편이 될 수 있습니다. 하지만 경제사회, 정치사회에서 현실적인 이해득실 관계가 복잡해지면 같은 편이나 동맹자를 원할 때, 그 기준은 예외 없이 경제적인 빈부입니다.

풍요로운 자, 가난한 자가 섞여 있는 사회 파벌이나 사회 세력 따위는 쉽게 기능하지 않습니다(일본의 정당은 빈부가 섞여 있어서 제대로 작동하지 않지요!). 양쪽이 확실히 구별됨으로써 본질적인 사회 파벌, 사회 세력이 형성되고, 그것이 계급이 됩니다. 역사적으로 볼 때 마르크스가 말한 '계급투쟁'의 테제가 자연스럽게 대두될 수밖에 없지요.

인간 욕망의 누적

인간은 인간으로 존재하는 한, 부를 바랍니다. 부는 욕망을 충족시켜주는 수단이기 때문이지요. 하지만 어떤 시대든 세상에 존재하는 부의 용량은 한계가 있기에 필연적으로 부를 둘러싼 다툼과 경쟁이 일어납니다. '돈이야말로 전부'라는 인간사회의 실태를 누구도 부정할 수는 없겠지요. 문화·예술 분야 혹은 윤리·종교 분야에서는 부가 절대적인 가치는 아니지만, 정치·경제 분야에서는 부야말로 모든 것이며, 그에 따른 제반 문제나 현상은 원인도 해결책도 결국 부, 돈에 있습니다.

따라서 역사의 사회문제를 파고들 때, 돈의 흐름을 따라가면 그 실체가 보이게 되고, 그 실체를 둘러싼 인간의 행동양식이야말로 역사라는 현상 그 자체가 된다는 사실을 알 수 있습니다.

'하부구조가 상부구조를 규정한다'

마르크스의 이 말에서 하부구조는 경제적인 것이고, 상부구조는 정치적·문화적인 것을 지칭합니다.

경제적인 요인이 근본 요인이고, 그에 따라 상부구조인 정치가 움직인다는 의미입니다. 가령 나폴레옹의 경우도 그렇습니다. 그 인물의 존재와 그의 언행은 정치적인 현상이나 그 이면에는 그러한 인물을 원한 경제사회의 토대가 있었습니다. 프랑스 혁명의 대혼란 시기에 사람들은 독재적인 구세주를 원했고, 나폴레옹에게 새롭게 형성된 부의 분배 규칙을 조절하고 조정할 역할을 기대했지요. 나폴레옹이라는 정치적 상부구조는 경제사회라는 기초적 하부구조의 요청에 따라 만들어졌다고 볼 수 있습니다. 또한 그 하부구조라는 것은 경제적 이해득실 관계이며, 부에 대한 인간의 욕망 그 자체입니다.

역사적 현상의 배후에는 인간의 욕망에 따른 거대한 구조가 필연적으로 존재하기에, 그것만 따로 떼어두고 단독으로 존재하기란 불가능합니다. 그 거대한 구조를 알아두어야 비로소 역사의 본질을 알게 되는 것이지요.

그러니 여러분이 학생 때 고생해서 암기한 '몇 년도에 누가 어떤 일을 했다…' 등등의 교과서에 실린 사소한 지식은 역사의 표면에 떠도는 거품 같은 것에 불과하고, 수면 아래 숨겨진 실체를 알려주는 것이라고는 도저히 말할 수 없습니다(따분한 게 당연하지요!). 이 책은 여러분과 함께 수면 아래로 들어가 그 깊숙한 곳에 숨겨진 것을 찾아낼 것입니다. 자세한 연표나 용어는 언급하지 않고, 보편적인 문제를 다룸으로써 역사 지식이 없는 독자라도 충분히 재밌게 읽을 수 있도록 썼습니다.

또한 최소한의 대표적 인명·역사 용어만으로 역사의 본질을 파헤칩니다. 사소한 역사 용어에 집착하는 사람일수록 역사의 본질, 실태를 놓치는 경우가 자주 있습니다. 역사의 거품만을 보기 때문이지요. 가령 '역사의 기초를 알 수 있다!'고 선전하는 일반인을 위한 역사 개론서를 읽어보면 빽빽한 역사 용어 해설만 늘어놓기에 초보자라면 금세 질리게 됩니다. 역사 용어는 몇 개만으로도 충분합니다. 머리를 아프게 만드는 역사 용어를 과감히 싹둑 잘라내고, 가장 중요한 본질만 실었습니다. 역사상에 누적된 부에 대한 인간의 욕망을 명확히 밝히고, 주로 경제적 측면의 문제를 살핌으로써 역사와 인간의 본질을 추구하고 있습니다.

부를 둘러싼 다툼

부를 둘러싼 다툼이 발생하면 혼자서 대항할 수 없습니다. 그래서 인간은 파벌과 세력을 만듭니다.

역사에서 파벌, 세력은 행동양식(패턴)이 거의 동일할뿐더러 되풀이 됩니다. 이미 부를 획득한 풍요로운 세력은 그 부를 지키려고, 현재의 사회 시스템을 유지하려는 보수파가 됩니다. 반면 가난한 세력은 부의 획득에 실패했기에 현재의 사회 시스템을 부정하고, 새롭게 부를 분배받을 기회를 노리는 혁신파가 됩니다.

보수파는 우파, 혁신파는 좌파라고 말하지요. 18세기 말, 프랑스 혁명 시대에 의회가 열릴 때, 의장석에서 바라보면 오른편에 보수파 부유층이 앉았고, 왼쪽에는 혁신파 빈곤층이 앉았기에 이런 명칭이 붙었습니다.

본서에서도 우파, 좌파라는 용어가 자주 등장합니다. 독자 여러분도 '우파=보수·부유층 계급', '좌파=혁신·빈곤층 계급'이라는 구도를 머릿속에 확실히 넣어두길 바랍니다.

또한 근·현대사에서 우파는 자본주의·자유주의, 좌파는 공산주의·사회주의라는 속성도 띱니다. 우파의 엘리트 부유층은 자유경쟁을 원하면서 더욱 사회적 강자가 되려 합니다. 즉, 자본주의를 지향합니다. 이에 비해 좌파인 빈곤층 약자가 사회적 격차를 인정하지 않고, 높은 곳에 군림하는 강자를 끌어내려 평등한 세상을 이루려는 것도 인간의 자연스러운 감정이겠지요. 따라서 좌파는 공산주의를 지향합니다.

하지만 우파와 좌파의 대립은 실로 복잡한 정치적인 측면이 얽혀 있기에 혼재된 양상을 띱니다. 다음 그래프처럼 우파적인 경제성향을 가진 사람 중에서도 그 정치 사상은 전혀 다른 경우가 많습니다. 국가,

지역, 마을 같은 공동체(커뮤니티)를 중시하고 전통, 관습을 따라 사회적 운영을 지향하는 그룹은 진정(眞正) 보수라고 부릅니다. 우파 중에서도 개인 인권을 중시하고 자유경쟁과 개방사회를 지향하는 그룹은 리버테리어니즘(libertarianism, 자유시장주의)이라고 불리지만 진정보수와는 거리를 둡니다. 좌파와 마찬가지로 커뮤니티, 규칙을 중시하는 그룹은 통제형 사회주의라고 불리는데, 개인의 권리를 우선시하는 리버럴(liberal, 자유주의) 타입의 사회민주주의와는 색깔이 다릅니다. 독자 여러분도 자신의 사고방식이 어떤 그룹에 속하는지를 잘 생각해보기 바랍니다.

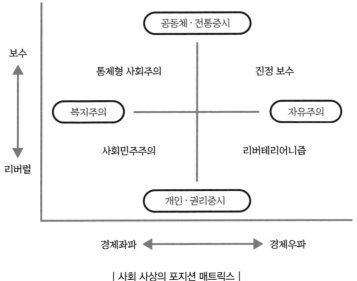

| 사회 사상의 포지션 매트릭스 |

우파와 좌파의 대립은 단순히 그 양상을 분리하기 어려운 요소들이

있습니다. 또한 그 정의(定義) 자체가 오늘날 다양화되는 추세입니다. 하지만 역사를 이해하려면 역시 '우파=보수·자본주의', '좌파=혁신·공산주의'라는 단순화된 구조가 이해하기 편할뿐더러 적용과 응용도 가능합니다.

근대 이후, 자본주의나 공산주의의 이데올로기는 고도의 학술이론을 끌어들여 사회의 부를 분배하는 방법을 저마다 합리적이라며 주장해왔습니다. 고대, 중세 시대에는 칼을 휘두르며 부의 분배를 놓고 다투었던 인류가 이제는 이데올로기의 논리로 싸우게 되었습니다(마지막에는 결국 군사적 충돌이 되지요). '우파=자본주의', '좌파=공산주의'라는 근·현대의 이데올로기 투쟁도 본서에서 자세히 설명하겠습니다.

마르크스가 말한 대로 만사에 걸쳐 역사는 '계급의 대립'이라는 축으로 움직여왔습니다.

3장

다섯 가지
시대 구분

유럽의 시대 변화

역사는 다음에 나오는 표처럼 다섯 가지 시대로 구분됩니다. 고대, 중세, 근세, 근대, 현대의 다섯 시대는 서양사에서 지배 계급의 변동을 기준으로 나누어집니다. 본서는 이 다섯 시대에 따라 각 장을 편성했습니다.

고대는 그리스·로마 시대입니다. 서로마 제국이 476년에 멸망한 것을 계기로 중세 시대로 옮겨갑니다.

중세 유럽에는 기독교가 보급되고, 종교지도자인 교황이 강한 권력을 갖게 됩니다. 교황은 종교계뿐 아니라 속계(일반 사회)에도 강한 영향력이 생기면서 국왕, 황제와 대립하게 됩니다.

거기에 지방의 호족 세력, 귀족 등 제후로 불리는 세력도 얽혀 있습니다. '교황', '국왕·황제', '제후'라는 세 부류의 세력이 대립하면서 복잡한 항쟁이 전개되는 혼돈의 기간이 1천 년이나 지속됩니다. 이 시기를 중세라고 부릅니다. 중세는 일반적으로 암흑 시대라는 이미지가 있습니다.

세 부류의 세력 중 근세로 발돋움한 것이 국왕입니다. 국왕은 절대주의라는 거대한 관료, 군사기구를 토대로 중앙집권제를 구축했습니다. "짐은 국가다"라는 유명한 말을 남긴 루이 14세는 이 시대의 국왕이었지요. 강력한 왕권을 무기로 국가, 국민을 통치했습니다.

국왕의 거대한 관료기구를 재정적으로 밑받침해준 세력이 새롭게 대두한 신흥시민 즉, 부르주아(부르주아지)입니다. 부르주아는 근대 화폐경제의 발전, 시장 확대와 더불어 출현한 비즈니스맨입니다.

고대	476년까지	그리스·로마 시대
중세	5~16세기	'교황' VS '국왕·황제' VS '제후'
근세	17~18세기	절대주의 국왕과 부르주아
근대	18~19세기	부르주아
현대	제1차 세계대전 종결 이후	

| 다섯 시대의 구분 |

비즈니스맨 중에는 부를 축적한 사장도 있거니와 평사원도 있습니다. 어쨌든 부르주아는 비즈니스맨이었고, 지금 우리와 마찬가지로 상

공업에 종사하는 시민으로 경제활동을 영위함으로써 생계를 꾸려가는 사람들이었습니다.

중세는 칼을 휘두르는 기사(騎士)를 통솔하는 제후 세력이 여기저기 자신의 영지를 구축하면서 당연히 영토분쟁이 끊이지 않았는데, 그 시대에 새롭게 대두한 비즈니스맨이 경제활동을 영위하는 문화적인 사회도 형성되었습니다.

신흥 세력인 부르주아는 절대주의 왕정을 지원하고, 국내 시장을 통일하려고 애썼습니다. 또한 법체계를 정비하고, 상거래 규칙을 정하는 한편 화폐·금융 정책을 안정시키고 비즈니스가 원활히 진행되기 위해서는 관료에 의한 행정기능이 충실해야 한다고 요구했습니다. 이러한 상황에서 자본주의 시장이 형성되었고, 부르주아는 자본가 계급으로서 사회를 이끌어갑니다. 부르주아는 거액의 세금 부담을 적극적으로 받아들이는 대신 강력한 발언권을 얻어냅니다. 국왕의 권력은 재정 부담자인 부르주아 세력에 의해 탄생했다고 봐도 과언이 아니지요.

국왕의 권력과 부르주아 세력은 어깨를 나란히 하며 사이좋게 앞으로 나아갔습니다. 근세의 커다란 특징인 자본주의의 형성과 발전이 눈부셨지요.

하지만 자본주의 경제의 발전이 부르주아 계급의 성장을 부추기면서 그 결과 부르주아 시민 계급이 확장되었습니다. 그러자 시장의 이권 관계에 불만을 품은 사람들이 생겨나면서 시민혁명이 촉발되었습니다. 이미 절대주의 체제는 연이은 전쟁으로 피폐해지고, 극도의 재정난을 불러일으키면서 궁지에 몰리고 있었습니다.

절대주의 체제하에서 식민지 경영이나 무역에 손을 뻗어 이익을 취한 그룹은 일부 특권 상인이나 귀족뿐이었습니다. 자본주의 시장이 정비되었다고는 하지만 완전한 개방은 아니었습니다. 특권 세력이 왕권과 유착해서 각종 이권을 독점했지요.

유착 구조를 타파하고 시민에게도 활짝 열린 자유로운 사회를 건설해야 한다며, 부르주아 시민 세력은 왕권을 타도하자는 시민혁명을 유럽 각지에서 주도했습니다. 그 결과 부르주아 세력 단독의 정권이 탄생했습니다. 이처럼 새롭게 열린 시대를 근대라고 부릅니다.

근대와 현대의 구별은 여러 관점이 있습니다. 본서에서는 제1차 세계대전이 끝난 1918년을 분기점으로 그 이전을 근대, 그 이후를 현대라고 하겠습니다.

세기(century)를 세는 방법

세기는 100년 단위로 서력을 세는 방법입니다. 기독교의 예수가 탄생한 해를 원년인 1년으로 잡습니다. 그 이전은 기원전이 됩니다. 0년은 존재하지 않습니다(당시는 0, 즉 제로의 개념이 없었지요). 기원 1세기는 기원 1년부터 기원 100년까지를 말합니다. 기원 2세기는 기원 101년부터 기원 200년까지가 되겠지요. 기원전 1세기는 기원전 100년부터 기원전 1년까지를 말합니다. 기원전 2세기는 기원전 200년부터 기원전 101년까지가 됩니다(이하 생략).

중국 왕조의 흥망

중국의 왕조는 흥망성쇠가 빈번했습니다. 수십 년도 안 돼 망하는 왕조도 있었고, 수백 년을 버틴 왕조도 있었습니다. 여하튼 다른 나라에 비하면 중국의 왕조는 자주 바뀌었습니다.

중국 영토는 광활하기에 그것을 하나로 묶어서 통치하기에는 아무리 강력한 권력을 지닌 황제라도 힘들었습니다. 지방 어디선가 중앙정권의 명령을 따르지 않고 마음대로 행동하는 세력이 반드시 있었지요. 처음에는 지방의 반란이 이제 막 싹이 트고 있을 시기라서, 중앙정권이 알아채지 못합니다. 하지만 어느새 불쑥 성장하면서 큰 세력을 이루게 되면, 알아챘다고 해도 이미 손쓰기가 늦은 경우가 비일비재했습니다. 지방 세력이 힘을 키워 중앙정권에 반기를 들고, 그 결과 왕조가 붕괴되는 패턴이 반복되었지요.

이러한 반란과 혼란의 틈을 타서 북방 이민족이 중국을 침략하고, 혼란에 박차가 가해지면서 왕조 붕괴를 재촉하는 복합적인 현상도 있었습니다. 혼란이 혼란을 불러들이는 현상은 대륙이라는 광활한 땅에 위치하면서 여러 민족에 둘러싸인 중국만의 현저한 특징이라고 말할 수 있습니다.

왕조의 초창기에는 강력한 힘을 가진 정권이 통치하면서 식량 공급을 향상시켜 민심이 안정되고 인구도 늘어났습니다. 하지만 거대한 인구를 끌어안은 왕조가 기후 변동 따위로 흉년이라도 오면 안정된 민심이 무너집니다. 식량 가격이 급격히 오르면 인플레를 유발시켜 경제도 파탄 나지요. 민심·경제가 피폐한 상황에서는 반란이 생기고 그 결과 왕조의 멸망으로 이어집니다. 왕조의 흥망은 인구와 식량 공급의 관계로 설명할 수 있습니다.

인구의 증가는 경제와 국가 발전에 반드시 필요한 반면, 그 늘어난 인구를 충분히 먹여 살릴 수 있는 식량이 모자라기 시작하면, 곧장 사회 불안을 야기해 왕조는 구심력을 잃고 붕괴됩니다.

　게다가 아이러니하게 식량이 너무 남아돌아도 왕조는 구심력을 잃습니다. 식량의 과잉은 지방호족, 호농을 경제적으로 풍요롭게 해주면서 힘을 축적할 수 있는 원인을 제공하기 때문입니다. 강력해진 호족, 호농은 반드시 중앙정권에 반기를 듭니다. 식량이 모자라도, 남아돌아도 중앙정권은 위태로워집니다.

　이러지도 저러지도 못하는 곤란한 상황을 늘 안고 있는 거대한 중국 왕조는 국가 경영에 부단히 애썼습니다. 하지만 그 한계는 늦든 빠르든 반드시 찾아오기 마련이지요.

PART 2

고대

드디어 인류가 농경 기술을 갖추고 농촌을 형성했습니다.
사회가 생기면 그것을 다스리는 권력이 생기게 마련입니다.
그 권력은 곧 국가가 되고, 머지않아 광대한 지역을 다스리게 됩니다.

중국의 황허 문명, 인도의 인더스 문명, 이라크의 메소포타미아 문명, 이집트의 나일 문명 같은 고대 문명은 내륙에 위치하여, 치수(治水)나 관개(灌漑, 농사에 필요한 물을 끌어 논밭에 대는 일-역자 주)를 활발히 전개하면서 농경지를 확보했습니다. 고대 문명의 발상은 이렇게 농촌형 경제가 형성되어 농작물로 부를 축적할 수 있는 곳에서 이루어졌습니다.

한편 유럽의 그리스·로마 문명은 지중해 연안에 위치한 데다가 토지도 척박해 농경에는 맞지 않아, 교역으로 생계를 영위했습니다. 그리스·로마는 지중해 연안에 많은 식민지를 거느렸는데, 특히 이집트, 튀니지, 남프랑스는 귀중한 식량의 생산지였습니다. 그리스·로마는 아시아 문명과는 달리 지중해 연안의 도시 네트워크를 이용한 교역을 기반으로 성립되었습니다.

하지만 로마 제국이 완성되고 1세기 이상 로마는 유럽 내륙을 침략해 비옥한 농경지를 확보한 반면 연안의 도시 네트워크가 쇠퇴하면서 내륙의 자급자족 농촌형 경제로 바뀌어갔습니다. 광대한 내륙에서 축적된 부를 로마는 완전히 장악하지 못하고, 내륙을 거점으로 삼은 지방호족, 게르만인의 반란으로 말미암아 멸망의 길을 걷게 됩니다.

　내륙의 농촌경제에 입각한 중국이나 오리엔탈 같은 아시아 국가에서는 황제, 국왕의 권력이 대단해서 중앙집권의 전제정치가 펼쳐졌습니다. 각지의 농촌을 관리·장악하는 한편 세금 징수도 안정적이었지요. 하지만 사회적인 유동성이 결여되면서 인재 등용이 막히고, 기득권을 가진 특권 계급이 국가를 부패시키고 있었습니다.

오리엔트, 그리스

백인은 아시아에 있었다

　인류를 나누는 방법은 다양합니다. 피부색에 따라 백인종, 흑인종, 황인종으로 나눌 수도 있습니다. 흑인종이 원래 살고 있던 곳은 아프리카, 황인종은 아시아입니다. 그렇다면 백인은 어떨까요? 백인종이 살고 있는 땅은 유럽일 것입니다. 하지만 유럽에는 본디 인간이 살고 있지 않았고, 유럽에 백인종이 있었던 것도 아닙니다.

　백인은 러시아 남쪽인 중앙아시아에 살고 있었다고 전해집니다. 기원전 2000년 무렵부터 인간들은 지구의 한랭화를 피해 대이동을 합니다. 서쪽으로 방향을 정한 다수파는 오리엔트에서 유럽으로, 남쪽을 지향한 소수파는 인도를 침략합니다. 따라서 백인은 인류사에서 '인도·유럽계'라고 지칭됩니다. 유럽인과 인도인이 동일한 인종이라면 위화감을 느낄 사람이 많을지도 모릅니다. 인도인은 피부색이 검기에 백인 이미지가 아니니까요. 하지만 그들은 인도의 강한 햇살에 오랫동안 노출되다 보니 피부가 검게 변했고, 현지인과의 결혼으로 혼혈이 많이 생기면서 지금의 인도인이 된 것이지요.

인도·유럽계 즉, 백인은 아리아(Aryan)인이라고도 부릅니다. 아리아는 '고귀한'이라는 의미로 그들 스스로가 명칭을 만들었습니다. 앞서 언급했듯이 백인은 중앙아시아의 원주민이라고 전해지는데, 지금의 학설로는 동유럽까지 아우르는 광범위한 지역까지 포함된다고 합니다.

동유럽 지역에서 직접 독일 지역으로 이동한 아리아인 그룹을 히틀러는 '순수한 아리아인'으로 간주하고 그 민족적 우위를 주장했지요.

인도·유럽계 백인은 철의 제조 기술을 개발했습니다. 어떻게 개발했는지 자세하게는 알려지지 않았지만 당시의 최첨단 기술임에는 분

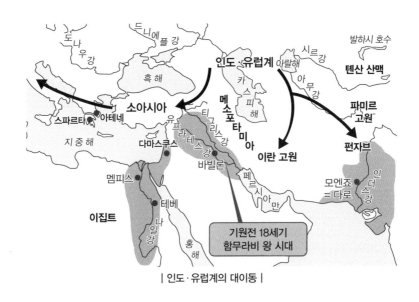

| 인도·유럽계의 대이동 |

명했습니다. 기원전 17세기에 그들은 철기로 무장하고 오리엔트 지역 (중동 지역)에 진출했습니다. 당시 오리엔트 지역에는 이라크를 중심으로 고대 바빌로니아 왕국이라는 아랍인들의 국가가 존재했습니다. 고대 바빌로니아 왕국은 '눈에는 눈, 이에는 이'라는 복수의 법률로 유명한 함무라비 법전으로도 잘 알려져 있습니다. 고대 바빌로니아 왕국은 인도·유럽계 백인에 의해 멸망했습니다.

인도·유럽계 백인의 전성기

인도·유럽계에 정복당한 아랍인들은 반격의 기회를 노렸습니다. 메소포타미아(이라크)의 주변 지역 아랍인들이 힘을 모아 다마스쿠스를 중심으로 내륙 무역, 지중해 무역으로 부를 축적합니다. 부는 북부의 아시리아 지역에서 아랍인 군대를 결성하는데 사용되었고, 아시리아를 중심으로 아랍계는 급속히 세력을 확장시켰습니다. 아랍인들은 인도·유럽계를 제압, 기원전 7세기 전반에 오리엔트를 통일하면서 아시리아 제국을 세웁니다. 하지만 아시리아 제국은 무거운 세금과 가혹한 압제 정치로 말미암아 길게 이어지지 못하고 기원전 612년에 붕괴됩니다.

아시리아 제국 붕괴 후, 인도·유럽계 백인은 독립합니다. 그들은 소아시아의 아나트리아 반도에 리디아 왕국을, 이란에는 메디아 왕국을 세웁니다. 리디아 왕국에서는 가장 오래된 주조화폐가 만들어졌습니다(본서 38쪽 참고).

이 시대에 인도·유럽계 백인은 소(小)아시아, 이란 등지에 정착합니다. 그들 백인은 긴 세월 동안 혼혈을 반복하면서 지금과 같은 아랍인으로 바뀝니다. 유럽 지역에는 그리스·이탈리아 등 지중해 연안에 인도·유럽계 백인의 이주가 급속히 늘면서 유럽 세계의 토대를 형성합니다. 이란에 건국된 메디아 왕국은 인구가 많아지면서 행정기구도 정비되었습니다.

메디아 왕국은 '아케메네스 왕조 페르시아'로 바뀌면서 오리엔트 전체를 통일합니다. 그러면서 오리엔트 지역의 인도·유럽계 백인의 패권이 굳어집니다. 인도·유럽계 백인의 패권은 아케메네스 왕조 페르시아에서 사산 왕조 페르시아로 승계되면서 7세기까지 무려 1천 년 이상 지속됩니다. 7세기에 접어들면서 아랍인 무하마드(마호메트)가 이슬람교를 만들고, 이슬람·아랍 정권을 수립하면서 아랍인들이 그제야 패권을 되찾아옵니다.

아케메네스 왕조 페르시아는 기원전 6세기, 3대 국왕인 다레이오스(다리우스) 1세 때 전성기를 맞이합니다. 전국에 총독(satrap)을 배치하고 광대한 영역에 걸친 지방행정을 관리했습니다. '왕의 길'이라고 불리는 국도를 건설하고, 조직적인 교통 체계인 역참제를 정비해 각 지역을 연계시켜 물류 네트워크를 원활히 만들었습니다. 경제성장 덕분에 왕도(王都) 페르세폴리스가 건설됩니다. 복속민의 문화·풍습을 인정하는 관용도 베풀었지요. 이전의 아시리아 제국이 복속민인 유대인 등을 핍박한 정책과는 대조적이었습니다.

아케메네스 왕조는 페르시아 전쟁으로 그리스를 공격하지만 실패로 끝나고, 다레이오스(다리우스) 3세 때 그리스 세력인 알렉산드로스(알렉산더) 대왕에게 멸망당합니다.

| 아케메네스 왕조 페르시아 |

빈민에게 주어진 역전의 기회, 페르시아 전쟁

기원전 7세기, 오리엔트 최초의 통일 국가인 아시리아가 붕괴하고, 기원전 6세기에는 소아시아의 아나트리아 반도에 인도·유럽계 국가인 리디아 왕국이 세워졌습니다. 리디아 왕국에서 인류 역사상 가장 오래된 주조화폐(coin, 주화)가 만들어졌는데, 이 화폐는 금은 합금으로 주조되었습니다. 그 전까지는 거래가 원시적 형태인 물물교환이었지요. 화폐가 출현함으로써 신용 거래가 가능해졌고, 질적이나 양적으로 거래의 효율성이 비약적으로 향상되면서 기반이 튼튼한 시장 시스템이 만들어집니다. 리디아 왕국의 화폐경제는 그리스·에게해 지역 일대에도 영향을 끼치면서 대규모 화폐경제권이 형성되기에 이릅니다. 동시에 그리스 지역으로 인도·유럽계 백인 이민이 급증하면서 그리스는 화폐경제의 확장을 등에 업고 교역을 통해 번영하기 시작합니다. 그리스를 본거지로 삼아 바닷길을 통해 이탈리아 연안, 프랑스 연안, 스페인 연안의 개발·이주도 활발해지면서 지중해의 현관으로서 에게해·그리스의 지리적 중요성이 부각되었습니다. 기원전 6세기 초에는 에게해 교역권이 확립되면서 그리스 각지에서 폴리스라고 불리는 도시사회가 번창합니다. 밀레투스, 아테네, 스파르타, 테베 등이 이러한 폴리스에 해당합니다.

에게해 교역이 확대되면서 그리스 경제를 성장시켰지만, 빈부 격차의 확대도 심해졌습니다.

주위의 성장에 뒤처진 무산 계급(빈곤층)이 대량 발생하면서 길거리에는 홈리스가 넘쳐 사회문제가 되었습니다. 하지만 앞날이 깜깜한 그들에게 커다란 기회가 찾아왔습니다. 바로 페르시아 전쟁이었지요.

앞서 언급했듯이 아케메네스 왕조 페르시아는 오리엔트를 통일하고 다레이오스(다리우스)1세 시대에 전성기를 맞이했습니다. 오리엔트의 모든 영토를 손에 넣은 페르시아가 다음에 노리는 곳은 지중해, 그리스 지역이었습니다. 대국인 아케메네스 왕조 페르시아에 비하자면 그리스는 '폴리스'라는 촌락 집단이 옹기종기 모인 곳에 불과했지요.

대국의 침략에 어떻게 응전할지 그리스의 지도자들 사이에 의견이 두 갈래로 나누어졌습니다.

다수의 지도자들은 페르시아에 항복하자고 주장했습니다. 강대한 페르시아에 덤벼봤자 승산이 전혀 없었습니다. 만일 전쟁에서 패한다면 지도자들은 모두 죽음을 맞이하니까요. 화해 명분으로 거액을 건네도 좋으니 자신의 목숨을 잃는 것보다 훨씬 낫다고 그들은 생각했습니다.

한편 끝까지 항전을 주장한 인물은 아테네의 테미스토클레스였습니다. 그에게는 강대국인 페르시아를 격퇴할 방법이 있었습니다. 페르시아는 지상전이라면 무적이지만, 그리스와 싸우려면 지중해·에게해를 끼고 해전을 펼쳐야 합니다. 테미스토클레스는 해양국가인 그리스의 이점을 살려 페르시아에 대항해야 한다고 주장했습니다.

테미스토클레스는 주전론의 입장을 강화하려고 빈곤층 사람들을 선동합니다. 길거리에서 실의에 빠져 있는 그들에게 전공을 세우면 부를 거머쥘 수 있다고 설득하지요. 빈민들은 자발적으로 테미스토클레스에 협력합니다. 그들에게는 군선의 노를 젓는 임무가 맡겨졌습니다. 테미스토클레스를 비롯한 주전파에 가담하는 사람들의 숫자가 항복하자는 주화파(부유층)를 웃돌자 여론을 기세 좋게 장악해, 전쟁 준비에 돌입했습니다.

빈민들의 활약에 힘입어 기원전 480년, 살라미스 해전에서 그리스는 페르시아에 승리를 거두었습니다. 폴리스가 옹기종기 모였을 뿐인 그리스가 강대국인 페르시아를 보기 좋게 쳐부순 것이지요.

군선의 노를 저었던 빈곤층은 크게 발언할 수 있는 지위를 얻어냈고, 항복하자고 주장했던 귀족이나 상인 부유층은 힘을 잃었습니다. 페르시아 전쟁의 승리는 빈곤층이 부유층을 타도한 일종의 좌파 쿠데타라고도 간주할 수 있습니다. 약자라고 늘 약한 위치에만 머무르라는 법은 없지요.

민주 정치와 군사주의

페르시아 전쟁 후, 빈곤층이 참정권을 획득하면서 아테네 등지에서 민주 정치가 생겨났습니다. 또한 빈곤층이 영예가 보장되는 군대에 편입되면서, 거대한 군사기구도 만들어졌습니다. 페르시아의 반격에 대비하려면 강한 군사조직이 필요했기 때문입니다. 이런 상황 속에서 그리스의 군사국가체질이 정착되고, 민주정치는 점차 쇠퇴했습니다. 군인을 우선시하는 정책이 우선시되면서 그리스 내부에서는 폴리스끼리의 다툼도 빈번했습니다(펠로폰네소스 전쟁 등).

그리스의 군사체질은 최종적으로 알렉산드로스 대왕의 군사독재체제로 치달았습니다.

기원전 4세기, 그리스의 군사주의에 경종을 울린 사람들이 일반시민의 지지를 얻으면서 각 폴리스에 새롭게 등장합니다. 그들은 군인의 횡포를 좌시하지 않고 법에 따른 통치, 군비 축소를 하라는 정치적 개혁을 외쳤습니다. 군인들은 위기를 느꼈습니다.

그리스 북부의 마케도니아 왕국을 통치하던 필립포스 2세(알렉산드로스의 부친)는 그리스 남부의 폴리스에서 벌어지는 정치적 혼란을 절호의 기회로 여겼습니다. 필립포스 2세는 남부의 군인들을 부추겨 마케도니아 왕국에 합류하면 그리스 전역에 걸쳐 군사 통치를 할 수 있다고 설득합니다. 그러자 남부의 군인들은 자발적으로 필립포스 2세를 따랐습니다. 기원전 338년, 필립포스 2세는 카이로네이아 전투에서 군사 정치를 반대하는 남부의 정치 세력을 일거에 제거하고 그리스를 군사적으로 통일했습니다.

그러나 필립포스 2세는 암살당하고, 아들인 알렉산드로스가 약관 20세로 왕위를 이었습니다. 알렉산드로스는 부친 이상으로 호전적인 성격이었기에, 그리스 통일 후 훨씬 강대해진 군대가 생겼으니 페르시아를 침공하자고 주장했습니다.

이에 주변의 장수들이 놀라움을 숨기지 못했습니다. 페르시아 전쟁 이후로 수비에만 치중했지 거꾸로 공격한다는 발상을 하지 못했기 때문이지요. 하지만 거대해진 군사조직을 먹여 살리려면 다른 나라를 침략해서 약탈하는 방법밖에는 뾰족한 대책이 없었습니다. 알렉산드로스의 주장은 받아들여졌고 그리스인들은 미지의 영토를 향해 원정을 감행합니다.

코이네(koine)

헬레니즘 제국에서 그리스인은 페르시아인을 비롯해 서아시아 민족들에게 그리스어를 사용하도록 강요했습니다. 코이네는 '공통어'라는 의미로, 그리스인들은 타민족에게 자국의 그리스어, 그리스 문화, 풍습을 강제적으로 따르게 했습니다.

2장
로마 1

지중해의 비즈니스

그리스의 알렉산드로스 대왕은 정복의 칼날을 오직 동방인 오리엔 트로만 향했기에, 이탈리아 반도는 정복당하지 않았습니다.

알렉산드로스 제국이 지중해 동쪽 연안 지역까지 확장되면서 지중해 교역이 활발해지니, 그 서쪽에 위치한 로마도 덕분에 호경기를 맞아 점차 발전했습니다. 마찬가지로 지중해 서쪽에 위치한 카르타고(현재의 튀니지)도 지중해 교역 덕택에 로마 못지않게 발전했습니다. 지중해 서쪽의 절반을 차지하는 지역에서 로마와 카르타고가 엇비슷하게 발전하면서 이해관계가 충돌했습니다. 기원전 3세기에 두 나라 간에 전쟁이 벌어집니다. 포에니 전쟁이라고 불리는 이 전쟁은 무려 100년간 지속되었고 끝내 로마가 승리를 거두었습니다.

포에니 전쟁 후, 로마는 지중해 교역을 사실상 독점합니다. 로마는 영리하게 지중해 교역을 운영했는데, 로마에 납세만 하면 인종을 불문하고 자유롭게 교역 활동을 할 수 있었고 상인들의 신분과 재산도 각종 법률에 의해 보호받았습니다.

동방의 알렉산드로스 대왕을 비롯한 그 후계자들은 로마처럼 관대한 비즈니스 기회를 부여하지 않았습니다. 'PART 1'에서 언급했듯이 그리스·헬레니즘 세력은 어디까지나 군사 집단이었기에 법률, 제도를 통해 상업 활동을 활성화시킨 로마의 현명한 비전을 따라잡지 못했습니다.

능력 있는 사람들이 동쪽을 떠나 서쪽의 로마로 향하면서, 지중해 교역이라는 무대에 각종 벤처 기업들이 생겨났습니다. 또한 로마는

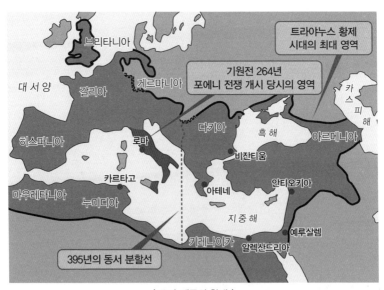

| 로마 제국의 확대 |

도로 · 항만 개발을 최우선 프로젝트로 삼고, 유통 네트워크의 구축도 서둘렀습니다. 넉넉하게 걷히는 세금 덕분에 투자와 융자가 용이해지고 이러한 프로젝트의 조기 완성을 가능하게 했지요. 더욱 강대해진 로마는 지중해 동쪽의 그리스·헬레니즘 세력을 완전히 제압하고 지중해 전역을 통치하게 됩니다.

격차 사회

순조롭게 경제발전을 이룩하던 로마는 중대한 사회적 문제에 직면합니다. 경쟁사회에서 경제성장이 눈부시면 늘 빈부의 격차가 커집니다. 성공한 사람은 막대한 부를 거머쥐는 한편 길거리에는 홈리스가 넘치면서 치안이 악화되고 폭동과 내란이 빈발했습니다. 이러한 기원전 2세기의 상황을 '내란의 1세기'라고 부릅니다.

빈곤층을 어떻게 구제할지가 정치의 당면 과제가 되면서, 그라쿠스 형제 등이 개혁을 추진합니다.

그라쿠스 형제는 부유층이 소유한 광대한 토지를 몰수, 빈곤층에게 나눠주고 부유층에 더 많은 세금을 물려 빈곤층의 구제 자금으로 할당하는 좌파적인 정책을 시행했습니다. 당시의 부유층은 의회인 원로원 의원들이었는데, 그들은 그라쿠스의 방침에 크게 반발했습니다. 결국 그라쿠스는 음모에 의해 살해당합니다.

부자에게 돈을 몰수해서 빈민에게 나눠주는 정치 수단은 동서고금을 막론하고 자주 있는 일입니다. 하지만 부자의 반감을 사게 되면 대부분 실패하게 됩니다.

그라쿠스가 추진한 개혁이 실패로 돌아가면서 빈곤층 문제가 더욱 심각해졌습니다. 그러자 부자들은 사재를 털어 길거리에 넘쳐나는 홈리스를 자신의 군대에 고용했습니다. 부자들은 자신의 군대를 이끌고 원정을 결행, 로마를 벗어난 타 지역의 토지를 지배하기 시작했습니다. 홈리스 고용에 들어가는 투자비용은 외지 정복으로 인해 생기는 막대한 이익에 비하면 보잘 것 없는 액수였으니까요.

부자들이 개인적으로 군대를 거느리면서 빈곤층의 많은 사람들이 일자리를 얻었고, 로마의 실업률은 극적으로 떨어져 사회가 안정되었습니다. 원로원(고대 로마의 입법·자문기관)이 중심이 된 부유층도 잃을 게 없었기에 새로운 흐름에 반대하지 않았지요. 부유층이 개인 군대를 이용해 외지 정복이라는 투자 비즈니스에 열광하면서 그들은 군대 확장에 돈을 더 많이 쓰게 됩니다. 다만 이 비즈니스는 이익(리턴)이 큰 만큼 위험(리스크)도 높았습니다. 외지 원정에 나선 군대가 게르만인 같은 현지 부족과 싸워 패하면 투자 금액을 회수하기는커녕 목숨까지 잃어야 했습니다. 또한 정복에 성공했어도 군대를 이끌던 장수가 배반하거나, 전리품을 가로채거나, 반란을 일으키거나, 따로 독립하는 등 뜻밖의 사태도 벌어졌습니다. 외지 정복에 성공해서 커다란 부와 명성을 거머쥔 사람은 소수에 불과했습니다.

카이사르의 출현

그 소수에 해당하는 사람이 율리우스 카이사르(영어 발음은 시저)입니다. 카이사르는 군인, 정치인으로서의 능력이 널리 알려져 있지만, 경영자로서의 능력도 탁월했습니다.

카이사르는 개인 군대의 장군 신분이었는데, 자신의 능력을 과시하면서 외지 정복으로 막대한 이익을 얻을 수 있다고 부유층에게 어필함으로써 투자를 권유했습니다. 카이사르는 스폰서를 확보해 거기서 나온 투자 금액으로 군대를 막강하게 키운 후, 외지 정복을 차례로 성공시켰습니다.

부자들은 경쟁하듯 카이사르의 스폰서를 자청했고, 로마의 돈이 모여든 덕분에 카이사르의 군대는 더욱 강력해졌습니다. 군인들의 생활 수준도 크게 개선되었지요. 카이사르는 민중의 지도자로서 부상했고, 쿠데타를 일으켜 그의 스폰서였던 부유층, 원로원 세력을 제압하고 독재 권력을 거머쥐었습니다.

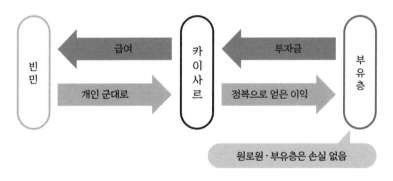

| 카이사르의 스폰서 공모와 자금 융통 |

카이사르는 늘어난 빈곤층에 의해 지지받고, 그 빈곤층에 의해 태어난 리더였습니다. 이런 의미에서 카이사르의 출현은 단지 로마사의 표면을 화려하게 장식하는 것이 아니라 심층에 깔려 있는 빈곤층의 불만이 쌓인 결과였고, 그야말로 로마를 세계제국으로 이끈 원동력이었습니다. 소수가 성공했을 때 생기는 특권은 그 내부에서 향유될 뿐이지만, 민중이 소외됐을 때 그 분노와 원한은 어떤 시대라도 거대한 힘을 지녀 결국 사회와 시대를 흔들고 움직입니다.

민중과 엘리트 사이

민중의 압도적인 지지를 얻어, 기원전 46년에 딕타토르(dictator, 독재관)가 된 카이사르는 자신이 키운 강력한 군사력을 바탕으로 원로원 세력을 제압하고, 그들의 특권과 기득권을 차례로 빼앗아 자신 휘하의 지휘관들에게 배분했습니다. 카이사르는 이전에 자신의 고마운 스폰서였던 부유층을 배반하고 민중에 가담했습니다. 이에 격분한 브루투스를 비롯한 원로원 세력이 카이사르를 암살합니다.

그러자 지도자를 잃은 민중은 분노에 들끓었고, 그 상황에서 부상한 인물이 카이사르의 양자인 옥타비아누스였습니다. 옥타비아누스는 카이사르의 군대를 이끌고 브루투스를 비롯한 카이사르 반대파를 숙청하고 원로원 세력에 압력을 가합니다. 하지만 옥타비아누스의 전략은 교묘해서 결코 카이사르처럼 원로원 세력을 대놓고 억누르려고 하지 않았습니다. 겉으로는 대결하는 척하면서 민중의 분노, 불만을 잠재우는 동시에 뒤에서는 원로원의 보수 세력과 여러모로 협조했습니다. 원로원은 옥타비아누스의 양보심에 경의를 표해 '아우구스투스 (존엄한 자)'라는 칭호를 선사했습니다.

카이사르처럼 원로원과 정면 대결을 불사하고, 부유층과 보수 엘리트층의 반감을 사면 정치가 막힐뿐더러 국가 자체도 위기를 맞게 된다는 대국적인 시점에서 옥타비아누스는 과감한 정치적 판단을 내렸습니다. '정치란 타협의 산물'(비스마르크)이라는 말이 딱 들어맞는 예라고 볼 수 있습니다. 카이사르가 파괴자라면, 옥타비아누스는 사회에 포진한 각 세력의 균형을 잡으면서 그 미묘한 정치적 상황 속에서 마치 유리 세공처럼 정밀하게 로마의 정치 체제를 만들어낸 창작자라고 말할 수 있습니다.

또한 민중의 좌파 세력과 엘리트의 우파 세력 중 어느 한쪽이 너무 강해지면 정치적 균형이 깨지고 옥타비아누스 자신도 양부인 카이사르처럼 암살당할지도 모른다고 생각했기에, 자신을 남들이 결코 '황제'라고 부르지 못하게 했습니다. 대신에 프린켑스(princeps, 원수)라고 부르도록 했지요. 하지만 옥타비아누스가 실질적으로 로마 제국의 초대 황제였다는 사실은 부인할 수가 없습니다.

로마법

로마법은 제국의 확장과 더불어 제국 내의 모든 민족에게 통용되는 만민법으로서 정비되었습니다. 제국의 입장에서 법은 드넓은 토지를 통치하기 위한 근거가 되며, 동시에 그것을 정당화하는 수단이기도 했습니다. 19세기의 독일 법학자인 예링은 저서 《로마법의 정신》에서 "로마는 세 차례나 세계를 정복했다"라는 유명한 말을 남겼습니다. '처음에는 무력으로, 두 번째는 기독교로, 세 번째는 법으로'라는 뜻입니다.

로마 제국의 저출산 대책

로마는 '팍스 로마나(Pax Romana)'라는 번영기를 맞이해 안정되었지만, 저출산 문제에 직면했습니다. 동서고금을 통해 고도성장을 이룩한 나라는 너나할 것 없이 저출산 문제로 고민하는데 로마도 예외는 아니었지요. 그래서 독신 여성에게는 독신세를 부과하는 것도 모자라 상속권도 인정하지 않았습니다. 또한 세 명의 자녀를 낳은 여성은 가부장 관습에서 해방되어 경제적으로 남성과 동등한 권리를 갖게 규정을 새로 제정하는 등, 출산이 널리 장려되었습니다.

로마 2

위태로운 제국 경영

옥타비아누스는 자신을 황제가 아닌 프린켑스(원수)라고 부르게 했지만, 사실상 로마의 초대 황제였습니다. 좌파·민중 세력과 우파·원로원 세력 간의 미묘한 정치 균형 위에 서 있는 황제 권력은 결코 강하지 못했습니다. 그럼에도 로마 제국은 드넓어서 동서 지중해를 중심으로 북쪽으로는 영국·스코틀랜드, 남쪽으로는 아프리카·사하라 사막까지 이르렀습니다.

황제의 약한 권력이 이만큼 광활한 영토를 통괄한 탓에 제도상의 여러 가지 시행착오가 생기면서 역대 황제들은 골머리를 앓았습니다. 그러자니 최우선 지배 원칙은 끊임없이 영토 확장을 벌여 국내의 불만을 바깥으로 향하도록 만드는 것이었지요.

침략 정책을 펼치지 못했던 시기에는 국내 경제 상황이 안정적이었고, 그것이 사람들의 불만을 가라앉히는 효과를 준 덕분에 2세기에는 팍스 로마나라고 불리는 평화로운 번영기를 누렸습니다. 이 번영의 시기에 오현제(五賢帝, 다섯 명의 현명한 황제)가 등장해 선정을 베풀지만, 다섯 명의 황제가 훌륭한 정치를 펼쳐 번영을 구가하기보다는 오히려 이 시기의 경제 번영이 넉넉한 세금 징수를 가능하게 만들었기에 황제들이 재량껏 정책 수행을 할 수 있었기에 결과적으로 로마의 전성시대가 되었다고 보는 게 맞습니다. 하지만 로마의 침략 확대에도 한계가 있었습니다. 로마 제국은 이미 커질 만큼 커졌고, 남아 있는 영역은 북쪽의 얼음 지역과 남쪽의 사막 지역뿐이었지요.

더 이상 확대 정책을 펼칠 수 없어 경제성장이 멈추자 즉각 민중의 불만이 터져 나왔습니다. 불만을 가라앉히려고 로마 제국은 제국 영토 내의 유력자 모두에게 관대히 시민권을 부여하고, 그 정치적 입장을 보증해주었습니다. 이전에는 외지 정복 지역의 현지인들에게는 시민권이 부여되지 않았지만, 현지의 유력자에게도 다양한 정치적 권한이 주어졌습니다. 이는 로마 황제가 외지 유력자들의 반란을 두려워했기에 그들을 회유하려는 정책이었습니다.

한편 시민권이 주어진 유력자들에게는 로마 제국의 정식 구성원으로서 시민세 등의 각종 납세 의무가 부과되면서 제국은 보다 많은 세수입을 거두어들이게 됩니다.

이 시기에 로마 제국은 도로, 수도, 욕탕, 결투를 벌이는 투기장(闘技

場) 같은 공공시설을 정비하면서 민중에게 쾌락한 생활을 제공한 덕분에 민중의 불만이 완화되었습니다. 이러한 공공 기반의 대규모 공사에는 침략 정책이 막을 내리면서 직업이 없어진 퇴역군인들이 고용되었고, 급여를 지불하여 그들의 생활을 안정시켰습니다. 또한 그 덕분에 퇴역군인들의 반란을 미연에 방지할 수도 있었지요.

반면 부작용도 생겼습니다. 시민권이 주어진 외지의 유력자들이 정치적 권한을 배경으로 현지에서 독립, 스스로를 황제라 칭하고 로마 제국의 방침에 따르지 않았습니다. 제국 각처에서 이처럼 독립 황제가 출현하면서 로마 제국은 공중 분해되고 군인황제 시대라고 불리는 시기로 접어듭니다. 로마 제국의 재정이 악화되고 공공사업의 발주에 지장이 생기면서 건설노동자들의 불만이 폭발해 폭동과 내란이 빈번했습니다.

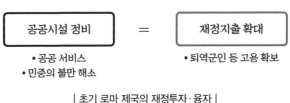

| 초기 로마 제국의 재정투자·융자 |

황제들의 고뇌

이처럼 파란만장한 시대에 황제가 된 디오클레티아누스는 로마 제국의 지배 시스템을 하루빨리 바꾸려고 애썼습니다.

군인황제가 할거하던 당시의 로마는 사분오열이었기에 디오클레티아누스 황제는 드넓은 로마 제국을 다시 하나로 통일시키기란 불가능하다고 판단했습니다. 그래서 일정한 수준에서 사분오열을 인정해주고, 타협적인 정책을 취했습니다.

테트라르키아(4인 분할 정치)라고 불리는 정책이 바로 그것이었는데, 제국을 네 곳으로 나누어 각각의 영역에 황제를 두고 지방을 각기 분할해서 통제하는 방법이었습니다. 디오클레티아누스가 취한 정책은 실효를 거두었습니다. 네 곳으로 분할되었지만 정치 기능을 그럭저럭 되돌릴 수 있었습니다. 하지만 이 정책 역시 큰 부작용이 도사렸습니다. 그 후 네 곳의 황제가 서로를 의심한 나머지 격렬한 내전에 돌입한 것입니다. 두 명의 영웅은 공존하지 못한다는 말이 있지요. 이 경우는 무려 네 명이라 그 갈등이 한층 복잡하고 혼란했습니다.

내전에서 승리해 로마 제국을 다시금 통일한 사람은 콘스탄티누스 황제였습니다.

아무리 재통일을 했어도 드넓은 제국을 황제 혼자서 통치하기는 무리였습니다. 한계에 도달했지요. 그런데도 콘스탄티누스 황제는 이전의 로마 제국 통일을 꿈꾸며 정책을 펼쳐나갔습니다. 하지만 실질적으로 그도 로마 제국 전체의 영역을 지배하지는 못했습니다.

콘스탄티누스 황제는 300년, 동방의 비잔티움(본서 44쪽 지도 참조)으로 천도를 단행, 로마 제국의 발상지이자 모든 곳의 중심지였던 수도 로마를 버렸습니다. 비잔티움도 천도 이후 황제의 이름을 따서 콘스탄티노플(지금의 이스탄불)로 이름이 바뀌었지요. 콘스탄티누스 황제는 로마가 중심인 이탈리아 등 서유럽 세계의 지배를 포기했다고 말해도 과언이 아닙니다.

한편, 새로운 수도가 된 콘스탄티노플도 입지 조건이 뛰어났습니다. 콘스탄티노플은 지중해 동쪽에 위치했고, 오리엔트·아시아의 접점 지대였기에 동방과의 교역 네트워크가 효율적으로 구축되었습니다. 당시 오리엔트 지역에는 고대 이란 왕조인 사산 왕조가 번영기를 맞이하면서 동서무역이 활발해졌고, 중국 나아가 일본까지 판로 개척이 확대되면서 유라시아·아시아의 호경기 파도는 유럽 세계까지 넘칠 판이었습니다.

콘스탄티누스 황제는 그 비즈니스 기회를 놓치지 않고 스스로 세일즈맨을 자처해서 '동방 천도'라는 놀라운 방법을 실행했습니다. 교역을 통한 이익은 막대해서 로마 제국의 재정난을 단번에 해소시켜주었습니다. 콘스탄티누스 황제의 동방 천도는 대성공한 반면 로마를 중심으로 한 서쪽의 경제권은 수도 기능을 상실했고, 피폐해졌습니다.

그에 이어서 테오도시우스 황제는 395년, 동서 로마를 분할시켜(본서 44쪽 지도 참조), 채산이 맞지 않는 서쪽을 포기하겠다고 선언했습니

	정책	부작용
카라카라 황제	시민권 확대	지방의 독립(군인 황제 시대)
디오클레티아누스 황제	테트라르키아	4인 분할 정치로 내전
콘스탄티누스 황제	동방 천도	서쪽의 피폐
테오도시우스 황제	동서 로마 분할	서쪽의 멸망

| 정책 부작용의 연쇄 반응 |

다. 동쪽의 로마 황제(실질적인 황제)가 서쪽의 로마 황제(이른바 대리 황제)를 비롯해 서쪽의 상황에는 일절 책임지지 않겠다는 뜻이었습니다. 졸지에 버림받은 서쪽 로마는 방위예산도 확보하지 못했기에 머지않아 게르만인에 의해 약탈과 유린을 당한 끝에 476년 멸망했습니다.

《로마 제국 쇠망사》 ————————————————————

18세기의 영국인 역사가 에드워드 기번이 쓴 명저.
광활한 토지, 정밀한 통제 시스템을 뽐내던 로마가 왜 멸망했을까요. 저자인 에드워드 기번은 로마 제국이 그 거대한 구조의 중압을 견디지 못한 탓에 붕괴되었다고 설명합니다. 국가라는 '건축물'의 본질, 그 붕괴 과정이 어떻게 일어나는지를 명확히 밝혀주는 책입니다.

———————————————————————————————————————

정치에 이용당한 종교, 기독교

기독교는 로마 제국에 의해 박해받았습니다. 기독교 신자들은 황제의 권위를 인정하지 않았기에 그 세력은 황제에게 위협적이었습니다.

내전을 종결시키고 즉위한 콘스탄티누스 황제는 이리저리 흩어진 로마를 재통일하려고, 그 수단의 하나로 기독교를 이용했습니다. 콘스탄티누스 황제가 즉위했을 당시는 기독교 세력이 더욱 커진 상황이었기에, 탄압하기보다는 오히려 기독교의 보호자로서 황제의 권위를 유지하는 게 훨씬 유리했고, 더불어 사분오열된 사람들의 마음을 기독교로 묶어낼 수 있다는 장점이 있었습니다. 콘스탄티누스 황제는 313년, 기독교를 공인했습니다.

하지만 당시의 기독교는 종교상의 가르침인 교의도 분명히 정해지지 않았기에 접근 방식이 사람마다 조금씩 달랐습니다. 사분오열된 사람들의 마음을 하나로 묶어낼 목적으로 이용하고 싶은데, 기독교 자체가 통일되지 않으면 도움이 되지 않겠지요. 콘스탄티누스 황제의 입장에서는 기독교 교의를 통일시켜야했습니다.

당시의 기독교 교의는 예수를 신으로 할지, 아니면 신의 음성을 듣는 초능력을 지닌 사람으로 할지를 두고 큰 격차가 있었습니다. 로마 제국의 입장에서는 예수를 신으로 만드는 게 유리했습니다. 만일 예수가 인간이고, 신이 따로 있으면 신은 눈에 보이지 않는 추상적 형상이 되기에 그 대상이 확실해지지 않습니다. 반면 예수 자체가 신이라면 그 모습이 구체성을 띠면서 신앙의 대상이 되어 설득력 있는 형상으로 보여줄 수 있을뿐더러 강한 영향을 끼쳐 사람들의 마음을 하나로 묶어낼 수 있기 때문입니다.

그래서 예수를 인간으로 보는 세력(아리우스 파)은 추방되고, 예수를 신으로 보는 세력(아타나시우스 파)이 정통파로 인정되었습니다. 가톨릭은 정통이라는 의미의 라틴어입니다. 그 후 정통인 가톨릭 기독교가 유럽 사회에 강력한 영향을 끼치게 됩니다.

라틴어

로마 제국에서는 문자가 통일되고, 알파벳이 고안됐으며 라틴어가 정착되었습니다. 라틴어는 로마의 남동쪽 지역인 라티움의 언어에서 유래되었습니다. 로마 제국에 의해 라틴어는 공용어가 되었고 유럽 전역의 공통적 고전어가 되었습니다. 라틴인(라틴 민족)은 로마인 혹은 그 후예에 해당하는 사람들로 이탈리아 · 프랑스 · 스페인 · 포르투갈인들을 가리키는데, 남미 대륙은 스페인의 식민지였던 적이 있기에 라틴 아메리카라고 불립니다.

중국 1
주나라, 한나라

중국의 원형

아시아 민족의 사회·문화적 뿌리는 모두 중국에 있습니다. 한자를 비롯해 유교 등 중국에서 시작한 문화와 전통의 기초 위에 오늘의 아시아가 존재합니다.

고대중국의 발상지는 황허 유역이고, 그 결과 황허 문명이 태어났습니다. 이 문명이 발전해서 기원전 16세기에 은 왕조가 나타났습니다. 은 왕조는 현재 확인된 가장 오래된 왕조로, 한자가 만들어진 왕조입니다. 한자는 남쪽의 장강 유역에도 보급되어 황허와 장강을 아우르는 남북의 거대한 언어문명권을 형성했습니다. 본디 장강 유역은 황허 유역과는 다른 사회·문화를 갖고 있었고 민족 계통도 달랐습니다. 하지만 한자가 보급되어 양쪽 지역의 공통 언어 기반이 되면서 중국이라는 원형을 탄생시켰습니다. 따라서 중국은 한자를 사용하는 모든 민족과 그 영역·사회·문명을 가리키는 것입니다.

이 개념에 비추어보면 일본인은 한자와 히라가나를 반반씩 사용하는 '반(半)중국인(?)'이라고 말할 수도 있습니다. 한자를 사용했던 조선인은 15세기에 한글을 발명함으로써 비로소 독립적인 조선인이 될 수 있었습니다. 그 전까지는 실질적으로 중국 문명의 일부였기에 정치적, 문화적으로 중국과 조선을 구별하기가 거의 불가능했습니다. 실제로 중국 왕조는 중세까지만 해도 조선을 중국의 일부로 간주했습니다. 또한 북방의 몽골족 등 유목민 중에서도 한자를 사용, 중국 문명에 동화된 사람들은 중국인이 될 수 있었습니다.

중국인은 다민족의 집합·혼합(하이브리드)이며, 각 민족의 생김새·풍습·기질이 달라도 '한자'라는 공통의 언어 기반을 가진 사람들의 집합체입니다. 인간이 사회라는 것을 형성할 때도 언어가 출발점이 되었고, 구심점이 되었으며, 언어로 인해 발전했습니다. 인간사회와 언어와의 관계가 얼마나 밀접한지 알 수 있습니다.

인간의 본성은 악이다

은 왕조가 붕괴되고, 주 왕조가 이어졌습니다. 주 왕조 후반인 기원전 8세기, 북방 유목민의 침략 등으로 주나라가 약화되면서, 지방의 군웅들이 할거하는 혼란과 분열의 시대로 접어듭니다. 이 시대를 춘추 전국 시대라고 부릅니다.

춘추 전국 시대에는 철이 발명되면서 철제 농기구 덕분에 농업 생산량이 비약적으로 늘어났습니다. 유력한 촌락공동체가 발전해서 도시가 되고, 도시경제의 형성 과정에서 화폐가 출현했습니다. 경제 발전이 가속화되자 그때까지의 기득권층이 바뀌면서 실력주의 시대가 찾아왔습니다.

실력자가 제후가 되었고, 각지를 지배하면서 스스로 왕을 자청했습니다. 제나라의 환공, 진나라의 문공 등이 유명합니다. 각 국왕은 유능한 인재를 수시로 발탁했는데, 공자와 맹자, 손자 등 제자백가로 불리는 위인들이 많이 배출되었습니다.

특히 서쪽 지역의 진나라에서는 기원전 4세기, 법가 사상을 깊이 연구한 상앙(商鞅)이 등용되면서 법치주의 체제가 정비됩니다. 진나라 이외의 각국에서는 공자가 주창한 유교의 덕치주의를 떠받들었습니다. 덕치주의는 인간의 선의(덕)에 신뢰를 두는 통치이념으로 자비의 정치를 베풀어 민심을 안정시킴으로서 상호부조의 조화를 이루는 사회를 지향했습니다. 한편 법가 사상에서 비롯된 법치주의는 인간의 심성을 악으로 간주해, 인간은 악을 행한다는 전제 아래 죄악을 범한 인간을 벌하는 법률을 통치의 근간으로 삼았습니다. 또한 공적이 뛰어나면 법에 따라 상을 내리는 등 신상필벌의 원칙이 철저했습니다.

인간을 선으로 보는 덕치주의, 악으로 간주하는 법치주의 중 어느 쪽이 지지를 받았을까요.

사람들은 법치주의에 따른 통치를 원했고, 진나라는 그 지지를 바탕으로 마침내 기원전 221년, 전국을 통일했습니다.

이는 정치의 본질을 잘 나타내는 역사라고 말할 수 있습니다. 정치
는 사람의 선의에만 의존할 수 없고, 실제로 존재하는 것은 사람의 욕
망뿐이라는 것을 보여줍니다. 인간은 자신의 욕망을 채우기 위해 남의
것을 빼앗고, 속이고, 죽이는 등의 악행을 저지릅니다. 그러한 욕망을
억제시키기 위한 강제력 있는 장치가 사회에는 필수불가결한데, 그것
이 바로 '법'입니다.

자비와 덕만으로는 욕망을 억제시키기 어렵기에 사람들은 보기 흉
할 만큼 싸웁니다. 법은 욕망의 폭주를 벌합니다. 반면 일정한 수준에

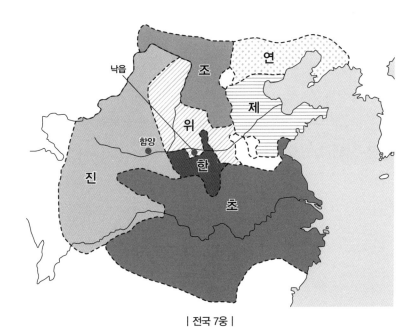

| 전국 7웅 |

서 욕망 추구를 인정하고, 그것이 타인의 욕망과 부딪치지 않도록 욕망의 타협점, 즉 권리의 범위를 정해줍니다. 또한 규칙 속에서 자유롭게 경쟁하도록 보장해주고, 능력 있는 사람이 법을 통해 정당히 평가받습니다. 유교의 덕치주의는 윗사람에 대항하는 것을 인정하지 않으며, 부당한 기득권이 고정화되고, 경쟁이 무의미해지면서 사회발전을 꾀할 수 없습니다. 선의, 덕이라는 말은 아름답게 들릴지 몰라도 정치에 본격적으로 도입하면 사회는 혼란스러워질뿐더러 부패한다는 정치상의 역설을 이해할 필요가 있습니다.

진나라에서 법가 사상을 주창한 상앙이 등용되었을 당시, 진나라의 지배층은 부패해 있었고, 정치가 제대로 기능하지 않아 나라가 쇠약해진 상황이었습니다. 그것을 법치주의로 새롭게 정비한 장본인이 상앙이었지만, 기득권을 지닌 저항 세력이 강하게 반발하는 바람에 몇 번이고 암살당할 뻔 했습니다. 그래도 국왕의 강력한 후원을 등에 업고 갖가지 참신한 개혁을 단행했습니다. 하지만 저항 세력의 반발도 만만치 않아 국왕조차 상앙을 보호해줄 수 없는 처지가 되었고, 상앙은 끝내 죽임을 당합니다. 진정한 개혁자는 고독한 법입니다.

진나라에서 한나라로

상앙의 개혁 의지는 진나라의 젊은 지도자층에 받들어져, 그 후에도 법가 사상에 의한 개혁이 단행되고 진나라는 강국으로 발전해, 마침내 시황제에 의해 전국 통일을 이뤄냅니다.

진나라가 유교 사상을 버리고 법치주의를 받아들였던 이유로 진나라의 지리적 배경을 꼽을 수 있습니다. 진나라는 지금의 서안(西安)에 본거지를 두고 중국의 서쪽에 위치했습니다.

이전부터 서쪽 지역의 나라들과 교류가 활발한 까닭에 국제 감각이 풍부해져 다른 나라처럼 유교 사상만 고집하지 않았지요. 교역으로 상공업·화폐경제가 발달했고, 법가 사상이라는 새로운 기준을 적극적으로 도입할 수 있었습니다. 진나라의 시황제는 법가 사상을 철저히 따라 법가(法家)인 이사(李斯)를 재상으로 등용해 강력한 중앙집권 정책을 실시함으로써 중국의 모든 영토에 걸쳐 보수층, 기득권층을 억압했습니다. 유교를 탄압(분서갱유)하는 등 너무 급진적인 정책을 펼쳤기에 보수파의 저항에 직면했고, 진시황제의 사후에는 정치가 극심한 혼란에 빠졌습니다. 거기에 민중 봉기도 일어나 진나라는 붕괴됩니다.

진나라 붕괴 후 내란 속에서 항우와 유방이 등장합니다. 양측의 격렬한 전쟁 끝에 농민 출신인 유방이 인심을 장악하고, 천하를 통일하면서 기원전 202년 한(漢) 왕조가 탄생합니다. 한나라는 그 후 400년에 걸쳐 장기집권을 합니다.

유방이 천하를 통일했다고는 하지만 실제로는 천하를 하나로 묶지 못했습니다. 지방에서는 제후가 할거했고, 중국은 사분오열된 상태였습니다. 유방의 천하통일은 겉모습에 불과했지요. 게다가 한나라는 몽골의 흉노족 침략을 받는 등 위태로운 정권이었습니다.

흉노족의 공격을 받으면서 혼란에 빠진 한나라에 남쪽의 제후가 반기를 들면서 기원전 154년, 오초칠국(吳楚七國)의 난이 발생합니다. 남쪽의 오나라를 중심으로 7개국의 반란군은 한나라 군사보다 수적으로 우세했지만 내부 통제가 되질 않아, 당시 한나라 황제인 경제(景帝)의 영리한 작전으로 진압되었습니다. 이때 중국은 실질적으로 처음 통일되었습니다. 황제 권력이 한층 강해지고 중앙집권체제로 크게 전환되는 시기였습니다.

부친인 경제의 집권 정책은 아들인 무제로 이어져 보다 강력한 중앙통치가 실시되었습니다. 국내 안정이 확립되면서 국외로 시선이 향한 것이지요.

북방이민족인 몽골의 흉노족은 중국에 빈번히 쳐들어오면서 약탈·살인을 일삼았습니다. 무제는 막대한 재정을 지출하여 거대한 군사

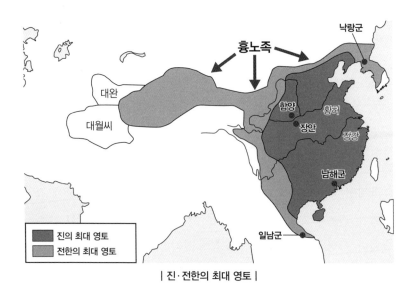

| 진·전한의 최대 영토 |

조직을 편성해 흉노족 토벌에 성공했고 북방 변경은 안정되었습니다. 하지만 흉노족을 토벌하는 데 들어간 지출 때문에 한나라는 급격한 재정난에 빠지게 됩니다.

경제 문외한, 한무제

피폐한 재정을 다시 세우기 위해 무제는 소금과 철의 판매권을 민간인으로부터 빼앗아 조정(朝廷)에서 비싼 값에 독점 판매하도록 했습니다.

소금은 인간이 생존하는 데 필수 먹거리이고, 철은 당시 상당한 고가라서 판매하면 거대한 이익을 취할 수 있었습니다. 소금과 철의 전매권을 조정이 가지면서 나라의 재정은 일시적으로 윤택해졌습니다. 하지만 소금과 철 판매에 종사했던 민간인들이 졸지에 생계수단을 잃으면서 급격히 실업률이 올랐습니다. 소비자도 고가의 소금과 철을 사야했기에 가계도 압박을 받았지요. 점차 경제 전체가 피폐해졌고 조정의 세수입도 줄어든 탓에 전보다 한층 심각한 재정난이 닥쳤습니다.

또한 무제는 균수평준법이라고 부르는 곡물, 상품의 독점권 정책도 실시했습니다. 곡물과 상품을 가격이 싼 시기, 싼 장소에서 대량으로 사들여 반대로 가격이 비싼 시기, 비싼 장소에서 대량으로 판매해 이익을 올렸습니다. 본디 이러한 거래는 민간업자의 일이라서 위에서부터의 압력이 들어오지 않는 자유로운 시장에서 자유롭게 물건을 사고

팔 때라야 가격 안정에 기여하고 전체 시장의 이익이 됩니다. 하지만 여기에 조정이 권력으로 개입해 반강제적으로 물건을 싼 값에 팔게 하고 또 비싼 값에 사게 만들어 민간업자의 부를 수탈하는 행위를 아무렇지도 않게 저질렀습니다. 그 결과 곡물시장이 암시장으로 바뀌었고, 서민에게 곡물이 안정적으로 공급되지 않아 가계를 압박하고, 경제를 혼란시켰습니다.

또한 무제는 진나라 때부터 사용된 동으로 만든 화폐인 '반량전'을 폐지하고 새롭게 '오수전'을 발행했습니다. 반량전은 동이 4·5수(銖, 무게 단위로 1냥의 24분의 1-역자 주)가 함유된 화폐입니다. 오수전은 이름 그대로 5수의 동이 함유되었습니다. 납세할 때 내는 화폐는 오수전만 인정되었습니다. 가령, 반량전 100개로 내는 세금과, 오수전 100개로 내는 세금은 개수는 똑같지만 동의 중량으로 따지면 '10:9'의 비율로 오수전이 무겁습니다.

이는 실질적으로 10%의 증세가 되기에 부유층은 말할 것도 없고 서민에 이르기까지 큰 반발을 불러일으켰습니다. 오수전 도입은 모든 조세에 증세 부담을 주면서, 무거운 세금을 이기지 못하고 도망친 사람, 폐업하는 상인들이 줄줄이 이어지면서 경제는 혼란에 빠졌습니다.

무제의 이러한 경제 정책에 대해 그 부당함을 간언하는 신하도 많았지만, 무제는 귀담아듣지 않았습니다. 무제는 태어날 때부터 제왕이었기에, 돈이 어떻게 들어오고 나가는지는 전혀 관심이 없었지요. 신하가 "폐하, 돈이 없어서 안 됩니다"라고 간언해도 화를 내며 "아무 데서라도 가져와!"라며 소리를 질렀습니다. 무제의 명령은 절대적이었습니다. 그 결과가 앞서 언급한 대로 민간업자를 압박하고 그들의 부를 수탈하는 어리석은 짓으로 이어졌습니다.

무제는 흉노족 정벌 시 유능한 장군을 발탁해 훌륭한 지휘로 큰 공적을 남겼지만, 반면에 가련할 만큼 경제 문외한이었기에 정책이 서민들에게 어떤 영향을 주는지 전혀 알지 못했습니다. 임시방편으로 치졸한 정책을 내놓다 보니 경제를 망친 것입니다.

무제 이후, 한나라는 급속히 국력이 쇠퇴해 한때는 명맥이 끊겼지만 다시 회복한 후, 후한(後漢)이 됩니다. 전한 시대는 흉노족을 토벌하면서 서북 지역이 안정되었고, 후한 시대는 서쪽과의 교역이 활발해졌습니다. 실크로드의 원형이 만들어지고 로마 황제인 마르쿠스 아우렐리우스 안토니우스(Marcus Aurelius Antonius)의 사자가 찾아온 시기도 이때였습니다.

후한의 마지막 시기에는 크고 작은 항쟁이 이어지면서 184년에 황건의 난이라는 대규모 민중 반란이 발생합니다. 이때부터 난세의 시대로 접어듭니다.

사마천의 리얼리즘

전한의 무제와 동시대를 살았던 역사가 사마천은 《사기(史記)》를 저술했습니다. 무제는 자신을 비롯한 황실의 역사를 좋든 나쁘든 있는 그대로 썼던 사마천에 격노하면서도, 그 내용을 인정하지 않을 수 없었다고 전해집니다. 사마천은 객관적 사실에 솔직했고, 냉정히 묘사함으로써 회의주의적 태도를 취했습니다. 인간사회에 대해 체념한 듯한 허무주의적 경향마저 느껴집니다.

중국 2
삼국 시대~수당 시대

진짜 삼국지

《삼국지》는 영화 '적벽대전(Red Cliff)'을 비롯해 만화, 게임 등으로 우리에게 친숙합니다. 하지만 일반적으로 사랑받고 있는 《삼국지》의 영웅 이야기는 거의 허구이며, 삼국 시대부터 천 년이나 흐른 명왕조 시대에 나관중이라는 작가가 민중을 위한 이야깃거리로 창작한 것입니다. 나관중이 창작한 이야기를 《삼국지연의》라고 합니다. 이 작품을 토대로 영화, 만화, 소설 등의 '삼국지'가 만들어졌습니다.

삼국 시대의 진짜 역사서로 인정되는 것은 진수가 쓴 《삼국지 정사(正史)》입니다. 진수는 삼국 시대가 끝난 후인 서진(西晉) 시대의 역사가입니다. 하지만 《삼국지 정사》도 영웅들의 불가사의한 활약상이 그려져 있는 등 상당히 과장된 흔적이 엿보입니다. 그러니 사실로서 그

대로 믿어서는 안 되겠지요. 솔직하게 말하자면 역사에 영웅 따위는 존재하지 않습니다. 영웅담으로 전해지는 이야기도 허구로 만들어낸 것이라고 보는 게 맞을 겁니다.

후한 말 시기인 184년, 황건의 난 혼란에 편승해 조조가 등장했습니다. 조씨 일족은 대대로 조정 신하였는데 황건의 난이 발생했을 때 조조가 진압군을 지휘했습니다.

황건의 난을 진압한 후, 조조는 반란을 일으킨 민중을 교묘히 회유했습니다. 식량도, 잘 데도 없는 가난한 그들에게 미개척 토지를 주면서 대규모로 개발하도록 부추겼습니다.

당시 중국은 인구밀도가 낮은 반면 미개척지가 많았습니다. 그래서 황건의 난을 일으킨 잔당을 조직적으로 개척에 종사시켜, 그 보상으로 그들에게 개척지를 준 것입니다. 그러면 개척지에서 안정적인 세수입이 걷히고 징병도 가능해집니다(둔전병제).

이렇게 수십만 명에 이르는 병력이 조조 군에 편입되면서 조조의 세력은 급격히 강해졌습니다. 가난한 민중의 생활을 보장해준 조조의 전략이 크게 맞아떨어졌습니다. 조조는 나중에 위나라를 건국합니다.

한편, 남쪽의 장강 유역에서는 손권의 오나라가 세워졌습니다. 손씨 일족은 본래 해적이었는데, 남해교역으로 부를 축적해 오나라 영주로 부상했습니다. 후한말 이후에 전란이 이어진 화북(중국북부)으로부터 인구가 유입되면서 장강 하구의 습지대에서는 물을 쉽게 댈 수 있는 무논 개발이 활발히 이루어졌습니다. 지역 전체가 비약적으로 발전하면서 인구가 급증했고 군사력도 강대해지자, 북부의 조조에 대항했습니다.

208년, 유명한 전투인 적벽대전에서 조조는 손권과 맞붙었습니다. 조조군 내에서는 전염병이 만연했는데 남쪽 풍토병의 일종이라고 전해집니다. 이에 조조군은 어쩔 수 없이 후퇴했습니다.

적벽대전의 혼란을 틈타 유비의 세력이 등장했습니다. 하지만 천재 전략가라고 일컬어지는 제갈공명의 총명한 보좌 덕에 촉나라를 건국했다는 유비의 영웅담은 거의 허구라고 여겨집니다. 본디 유비는 일당인 관우 등과 함께 소금 밀매를 했던 보잘것없는 인물이었습니다. 한나라 무제 시대에 소금이 조정의 전매가 되면서 서민은 터무니없는 가격으로 소금을 사야 했습니다. 그러자 유비와 그 일당이 암시장에

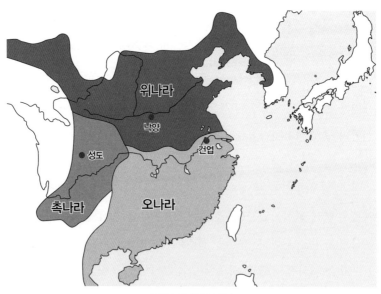

| 삼국 시대의 중국 |

소금을 싼 값에 유통시켜 민중의 지지를 받았지요. 유비의 지지 세력이 늘어나면서 마침내 서쪽의 촉나라 영주가 되었습니다.

이렇게 위·오·촉의 세 나라가 대립하는 삼국 시대로 접어듭니다. 최종적으로는 가장 강대했던 위나라가 촉나라, 오나라를 흡수하게 됩니다. 위나라의 가신인 사마염은 조씨 일족에 대해 쿠데타를 감행했습니다. 결국 위나라를 폐하고 진(晉)나라를 건국, 중국 전역을 통일함으로써 삼국 시대의 막이 내려집니다.

중국의 하이브리드

전란 시대가 끝난 것처럼 보였지만, 진나라는 정권의 기반이 취약해 내란이 빈발했고 316년에는 몽골 흉노족의 침략으로 멸망했습니다. 멸망한 진나라는 남부 지역(강남)으로 도피, 진나라의 후계로서 동진을 건국했습니다.

화북(북부)은 몽골인을 중심으로 이민족이 할거했습니다. 한나라 무제에게 철저히 토벌당했던 몽골인들은 500년 동안 전면에 나서지 못하고 숨만 죽이고 있었지요. 그 기간 동안 중국에서는 삼국 전쟁이 발생했고 나라는 점차 황폐해졌습니다. 사마염이 천하 통일을 했다지만 중국 전역의 황폐함은 한계에 이르렀고, 그 틈에 힘을 갖춘 몽골인들이 쳐들어왔습니다.

몽골인들은 화북을 지배했고 386년에 북위(北魏)를 세웁니다. 이후 화북의 몽골인 왕조와 강남의 중국인(한족) 왕조가 동시에 존재하는 남북조 시대(5~6세기 무렵)가 열립니다.

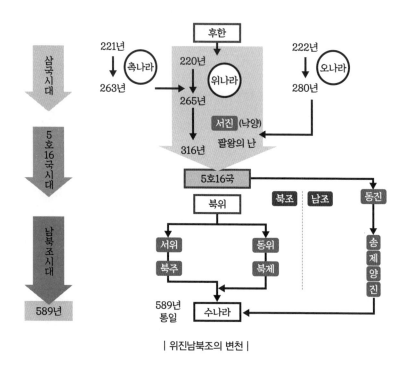

| 위진남북조의 변천 |

이 기간 동안 화북의 몽골인들은 중국화 정책을 실시했습니다. 몽골인의 문화·풍습을 버리고 한자를 사용하며 중국 문화를 받아들였고, 중국인과의 혼인으로 이어지면서 화북을 침략한 몽골인들은 불과 100년 만에 중국화되었습니다. 대량으로 생산된 새로운 혼혈인종은 중국의 새로운 지배층으로서 권력을 갖게 되었습니다. 북방의 몽골인을 따라하면서 몽골인과 중국인의 융화를 꾀했고 화북에서 몽골 지역

에 이르기까지 거대한 세력권을 형성했습니다. 그 세력은 장강 유역의 강남을 흡수하면서 수나라, 당나라의 통일 제국을 만들어나갑니다.

춘추 전국 시대 이후, 철제농기구 개발 등 농업 기술의 발전으로 중국 인구는 많이 늘어났습니다. 전한 시대인 1세기에는 인구가 약 6천만 명에 달했지만, 후한말부터 삼국 시대인 3세기에 인구가 급감했습니다. 무려 천만 명 정도까지 감소했다고 추정되고 있습니다. 전쟁을 비롯해 전염병, 기근에 시달린 비참한 시대였음을 알 수 있습니다. 그러니 '영웅의 시대=삼국지 시대'는 통속적인 이미지에 불과하지요.

280년, 진(晉)나라가 중국을 통일했을 때, 1,600만 명 정도까지 인구를 회복했지만 몽골인을 비롯한 북방이민족의 침입으로 재차 혼란한 전쟁 시기로 접어들면서 다시 인구가 급격히 줄어들었습니다. 이 시기에 천만 명의 인구가 사라지고, 화북(중국 북부)에 거주하던 많은 중국인들이 전쟁을 피해 강남(중국 남부)으로 이주했습니다. 이주민만 수백만 명의 규모라고 알려져 있습니다.

대신 수백만 명의 북방이민족이 화북으로 이주했고, 4세기에서 5세기에 걸쳐 이른바 중국인화를 지향하는 한화 정책으로 중국인과의 혼혈이 늘면서 화북의 중국인은 이전의 중국인과는 다른 새로운 하이브리드(혼혈) 인종이 되었습니다. 말하자면 중국 문명은 중국인(한족)이라는 틀을 넘어, 그 자체가 지극히 복합문화적인 양상을 띠게 되었지요.

일반적으로 한족이 순수한 중국인이라고 간주하는 경향이 있지만, 이 시대에 이미 중국인은 몽골계 북방이민족과 상당한 규모로 혼혈이 진행되었습니다. 다음 그림에서 보는 바와 같이 중국 국가 통계국은

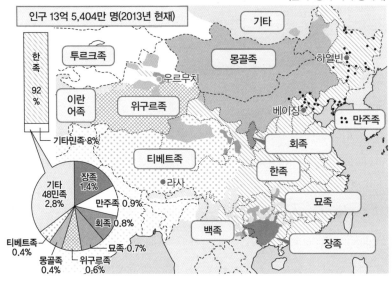

(출처: 중국 국가 통계국)

| 중국의 민족 구성 |

현재 중국 인구의 92%를 한족으로 보지만, 정확히 말하자면 중세 시대에 하이브리드화된 한족이라고 말해야 옳습니다.

화북에서 몽골인이 세운 북위 왕조는 중국을 본떠 중앙집권의 율령제(관료제)를 정비, 군사력을 증강시켜 민족융합에 따른 강력한 발전을 이룹니다.

한편 강남은, 이민족 통합을 싫어하는 중국인(한족)이 화북에서 대량으로 유입되면서 한족의 순수성을 유지하는 한족 사회가 형성되고, 육조 문화라고 부르는 한족의 우아한 문화가 융성했습니다. 그러나 정치적으로는 화북에서 이주해온 귀족 세력과 본디 강남에 살고 있던 토착 세력이 수시로 부딪치면서 통제가 되지 않는 상황이 계속되었습니다.

강력한 발전을 이룬 북조에 비해 남조는 정치적으로 취약했습니다. 남북조 시대의 말기에는 남북의 인구가 동시에 각각 1,500만 명씩 늘었지만, 정치·군사적으로 통제가 잘된 북조가 남조를 흡수하는 형태로 581년, 수나라가 세워지고 남북조 통일이 이뤄집니다.

수나라 양제

수나라 2대 황제인 양제는 대운하를 건설하여 화북과 강남을 물길로 연결했습니다. 이 대운하는 남북이 정치적으로 통합되었을 뿐 아니라, 경제적으로도 통합되었다는 것을 뜻하는 상징이었습니다.

폭군으로 유명한 양제는 대운하 완성을 축하하는 자리에서 운하 건설에 고생한 백성을 치하하기는커녕 호화로운 뱃놀이를 즐겼다는 등 대단히 오만했다고 전해지지만, 실제로는 과장된 이야기라고 봐야 합니다. 쿠데타로 수나라의 정권을 탈취한 당나라에 의해 날조되었다고 의심됩니다.

양제는 대운하 건설을 비롯해 율령제라고 부르는 중앙집권적인 관료제를 정비하여 국력 증대에 힘썼고 또한 경제를 발전시킴으로써 백성의 생활을 향상시켰습니다. 더불어 양제 시대에 균전제를 실시함으로써, 부유한 호족이 소유한 대토지를 몰수해 백성에게 골고루 나누어주는(균전) 좌파적인 정책을 추진했습니다. 또한 양제는 '과거'라는 관료등용 제도를 실시했습니다. 과거는 필기시험 점수로 합격을 정하는 열린 등용 제도로, 인맥이나 정치적 배경이 없는 백성에게도 기회가 주어졌습니다.

과거는 공자의 가르침인 유교와 시 짓기를 주요 시험과목으로 삼았기에, 합격자의 대부분이 유학이나 시 짓기에 능한 강남의 중국인(한족)이었습니다. 양제는 과거를 실시하고, 유능한 한족을 대량으로 등용함으로써 남부의 지지를 얻어 남북협조의 정치적인 틀을 구축하려고 애썼습니다.

이처럼 양제의 정책은 뛰어난 데다 제대로 기능했지만, 급진적인 중앙집권주의에 반발하는 저항 세력과 결탁한 수나라 중신인 이연과 아들인 이세민 부자의 배신으로 물거품이 되었습니다.

양제가 궁정을 비우고 강남을 시찰하는 사이, 이연 부자는 장안을 점령해 실권을 장악하고 618년 당나라를 세웁니다. 양제는 그해 암살당했지요.

이처럼 부당한 쿠데타가 있었기에 이연 부자는 양제를 부자연스러울 만큼 억지로 폭군 취급을 함으로써 자신들의 쿠데타가 백성을 위한 것이었음을 정당화시킬 필요가 있었습니다. 양제는 본디 이름이 양광(楊廣)인데, 사후에 이연 부자에 의해 양제(煬帝)라는 달갑지 않은 시호를 받았습니다. 양(煬)은 '하늘을 거스른다'는 의미로, 그 이후 폭군의 이미지가 정착되었습니다.

역사는 늘 승자·강자에 의해 날조되곤 합니다. 하지만 양제의 정책은 별 문제가 없었기에 당나라도 수나라의 율령제, 과거제를 그대로 답습합니다.

당나라의 치밀한 관료제

당나라처럼 드넓은 영토를 소유한 왕조의 입장에서는 중앙집권이 지방의 구석구석까지 통제할 수 있는지의 여부가 커다란 당면 과제였습니다.

당나라는 수나라의 균전제를 이어받았습니다. 균전제는 문자 그대로 백성에게 논밭을 동등하게 나눠주는 제도로 백성의 토지 소유권에 격차를 발생시키지 않고, 지방에 강력한 세력이 형성되는 것도 방지할 수 있습니다.

또한 동등하게 나누어진 논밭이 백성의 호적에 등록되기에 그 데이터를 중앙정부가 일원화해서 관리할 수 있습니다. 호적에 근거해 세금 징수, 징병이 실시되는 한편 국가 재정 편성에도 크게 영향을 끼칩니다. 율령제라는 중앙집권적인 통치 구조의 기초 확립은 균전제 덕분이라고 말할 수 있습니다.

눈부신 경제발전을 이룬 당나라에서도 빈부의 격차가 발생합니다. 부를 축적한 자산가 계급이 생겨난 반면에 경제발전에 따른 인플레, 과중한 세금을 이겨내지 못해 도망가는 빈농(도호)이 급증한 것입니다. 당나라 조정은 응급조치로서 토지매매를 인정하고, 버려진 땅도 겸용해서 경작할 수 있는 권리도 인정해주었습니다.

하지만 묶여 있던 토지겸용을 해금함으로써 당나라는 치명타를 맞습니다. 자산가 계급은 토지를 마구 사들여 대지주가 되었고, 세력을 확장시켰습니다. 지방호족이 된 그들은 풍부한 자금으로 중앙 관료를 매수했고, 부패한 관료들은 그들에게 세금 면제라는 특권을 내주었습니다. 이에 지방호족은 더욱 세력을 키워, 지방의 치안 유지를 한다는 명목으로 자신만의 군대를 만든 것입니다.

그 결과, 지방호족이 중앙에 반기를 들면서 당나라는 자멸합니다. 그 반란의 시작은 양귀비의 미모에 반해 정치에 소홀했던 현종에 대한 분노였습니다.

당의 율령제는 초기에 연약한 유리 세공처럼 허약했기에 조금만 금이 가도 금세 깨졌습니다. 중앙이 드넓은 지방을 통치해야 하는 어려움, 조금만 빈틈이 보여도 달려드는 인간의 과욕 등, 당나라 붕괴는 정치의 구조적이고 숙명적인 한계를 잘 보여주고 있습니다.

907년, 당나라는 멸망하고 그 후 70년 간 난세가 지속됩니다.

《정관정요》

정관정요는 당나라 황제인 이세민(태종)과 신하들이 나눈 정치문답을 정리한 책입니다.
태종이 그 신하인 방현령, 위징 등과 문답을 나누면서 관료제 · 균전제와 같은 당나라의 율령체제가 어떻게 만들어졌는지를 묘사하고 있습니다. 제왕학의 교과서로서 비단 중국뿐 아니라 한국, 일본에서도 널리 읽히고 있습니다.

PART 3

중세

고대의 농촌형 경제에서 도시형 상업경제로 발달한 중세는
세계 경제가 함께 발전해가는 시기였습니다.
또한 인류사를 통틀어 종교에 대한 사람들의 열정이
가장 격렬한 시기이기도 했습니다.

중세 시대는 길어서 약 천 년에 이릅니다. 중세는 유럽 역사의 관점으로 볼 때 세 가지 시대로 나눌 수 있습니다.

게르만인의 이동 시기였던 중세 전기(500년 무렵~1,000년 무렵까지), 교황의 권력이 막강해지고 도시 경제가 성장하는 중세 중기(1,000년 무렵~1,300년 무렵), 절대왕정으로 향하기 시작하는 중세 후기(1,300년 무렵~1,450년 무렵)로 분류됩니다.

중세 전기를 살펴보면, 중국에서는 7세기에 당나라가 건국되면서 다른 아시아 나라들을 경제적, 문화적으로 이끈 덕에 조선(삼국), 일본, 동남아시아의 경제가 성장했습니다. 각국이 당나라를 본떠 중앙 집권형 통치기구를 설치하면서 효율적인 국가 운영이 이루어지고 안정적인 번영을 구가했습니다.

7세기에 중동 지역에서는 무함마드(마호메트)가 이슬람교를 창시, 이슬람교에 의한 통일이 진행되기 시작합니다. 이슬람교 세력은 10세기, 당나라와 중앙아시아에서 군사적 충돌을 했는데 이때 중국인 포로에게서 종이를 만드는 법이 이슬람 세계에 전해졌고, 종이가 문화 보급의 중요한 역할을 했습니다.

중세의 번영 시기인 12세기에는 십자군이 파견되면서 유럽 세력과 이슬람 세력은 격렬한 전쟁을 치렀습니다. 십자군의 동방 원정으로 유럽은 동방과의 무역이 활발해지면서 이탈리아를 중심으로 도시 경제가 번창했습니다. 이탈리아의 여러 도시가 부를 쌓음으로써 14세기 이후에는 르네상스라는 꽃을 활짝 피웁니다.

12세기에 유럽 경제가 급격히 성장할 때, 중국에서도 송나라가 경제성장으로 번영을 누리고 있었습니다.

유럽 경제와 중국 경제를 이어주는 길목이 실크로드로, 몽골이 이를 지배했습니다. 실크로드의 부는 몽골을 급성장시켰고, 13세기에 몽골은 유라시아 대륙을 석권하면서 유럽에서 중국까지 아우르는 거대한 세력권을 형성합니다.

유럽 1

교황과 게르만인의 유착

유럽은 크게 세 가지 계열인 라틴인, 게르만인, 슬라브인으로 분류할 수 있습니다.

모두 인도·유럽계 백인으로 혈통은 같습니다. 따라서 생김새로 그들을 분류할 수는 없습니다. 그들이 사용하는 언어의 문법 등, 그 형태의 차이를 고려해 세 가지 계열로 분류하는 것이지요.

게르만(German)계의 중심인 독일인이 사용하는 독일어는 라틴계의 프랑스어와는 문법구조가 다르지만 게르만계의 독일어·영어·네덜란드어는 거의 동일한 문법입니다.

이탈리아의 라틴인이 세운 로마 제국이 유럽에 군림한 후, 그다음에 나타난 인종이 게르만인입니다. 라인강의 동쪽, 도나우강의 북쪽에 정착해서 살고 있던 게르만인은 4세기 이후 서로마 제국의 국력이 기울자 로마 제국 영내에 쳐들어옵니다. 그 후 점차 게르만인의 세력이 증가하면서 476년, 서로마 제국을 멸망시킵니다.

한편 동로마 제국(비잔틴 제국)은 게르만인의 침략을 잘 막아냈기에 발전을 거듭합니다. 보스포러스해협에 위치한 수도 콘스탄티노플은 유럽과 아시아를 이어주는 교통의 요충지였기에, 무역으로 부를 축적해 6세기에는 황제 유스티니아누스가 등장하면서 전성기를 맞습니다. 비잔틴 제국은 그 후 1453년까지 이어집니다.

476년, 서로마 제국이 붕괴되면서 서로마 황제는 폐위됩니다. 하지만 기독교 지도자인 교황의 직위는 유지되었습니다. 황제는 세속 사

| 유럽인의 세 가지 계열 분포도 |

회의 지도자이지만, 교황은 종교 세계의 지도자입니다. 로마의 가톨릭 교황을 구심점으로 정통 기독교가 서쪽으로 확산되면서, 서로마 제국 황제의 폐위 후에도 잔존한 교황은 이제는 구(舊)서로마 제국이 된 영토의 최고 권위자로서의 지위를 획득함과 동시에 이탈리아 반도를 거점으로 라틴인들의 지도자로서 부상합니다.

서로마 제국이 붕괴되고 게르만인의 움직임은 더욱 활발해집니다. 게르만족 중에서 유력한 집단인 프랑크족은 로마 교황과 제휴·협조함으로써 자신의 세력을 확대시킵니다. 프랑크족은 496년, 가톨릭으로 개종해 교황에 접근합니다. 그리고 교황의 권위를 빌려 게르만 부족들을 통합, 프랑크 왕국을 세웁니다.

8세기, 이슬람 세력은 아프리카 북쪽 해안을 넘어 스페인에 쳐들어와 유럽을 위협했습니다. 프랑크 왕국은 732년, 투르푸아티에 전투에서 이슬람 세력을 격파함으로써 서유럽을 방위하는 데 성공했고 프랑크 왕국은 서유럽의 맹주로 자리매김했습니다.

그 후, 역대 프랑크 국왕들은 게르만 부족을 통일하면서 교황과의 제휴도 강화합니다. 마침내 카롤루스 대제 시대에 게르만·프랑크의 세력이 인정받으면서 800년에는 교황에게서 황제 임명을 받습니다. 476년 이래로 빈 자리였던 로마 황제가 부활한 것입니다. 교황은 강력해진 게르만인의 세력을 이용함으로써 서로마 제국의 부흥을 꾀했습니다.

교황이 게르만인의 힘이 필요했던 또 하나의 이유는 강대한 비잔틴 제국(동로마 제국)에 대항하기 위해서였습니다. 비잔틴 제국의 황제는

로마 교황의 권위를 인정하지 않고, 자신의 지배 아래 종속시키려고
했지요.

이렇듯 교황(라틴인)과 황제(게르만인)가 협조한 '서유럽 세계'와 비잔
틴 제국의 '동유럽 세계'라는 양극체제가 성립되었습니다.

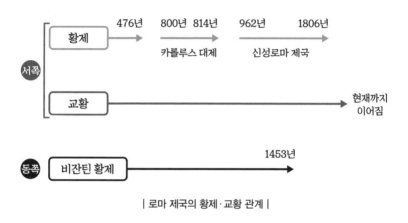

| 로마 제국의 황제·교황 관계 |

독일·프랑스·이탈리아의 탄생

카롤루스 대제가 죽은 후, 일족의 다툼으로 서로마 제국은 분열됩
니다. 서프랑크 왕국(프랑스), 동프랑크 왕국(독일), 이탈리아 왕국의 삼
국으로 나누어지면서 현재 중앙 유럽의 원형이 됩니다.

이탈리아는 교황령(가톨릭 교회의 영유지-역자 주), 도시 등 각 지방 세력
으로 갈기갈기 분열됩니다. 이 상태는 19세기까지 지속되지요. 서프랑

크 왕국(프랑스)에서는 위그카페가 카페 왕조를 창시합니다.

동프랑크 왕국(독일)은 국왕인 오토 1세 시대에 세력이 강해졌습니다. 오토 1세는 유럽에 쳐들어온 아시아계 마자르인을 격퇴하고 왕권을 강화했습니다. 또한 교황과 유착관계를 더 밀접히 맺고 962년, 교황에게 로마 황제의 관을 받습니다. 오토 1세는 서로마 제국을 부활시킬 임명을 부여받습니다.

역사상 '서로마 제국'이라고 불리는 것이 세 가지 있습니다. 하나는 테오도시우스 황제 시대인 395년의 동서로마가 분할된 후에 세워진 제국, 두 번째는 카롤루스 대제의 제국, 세 번째가 오토 1세의 제국입니다(아래 도표 참조).

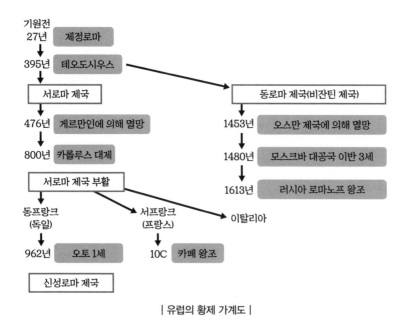

| 유럽의 황제 가계도 |

오토 1세의 부활제국은 신성로마 제국이라고 부릅니다. 하지만 이 빛나는 이름과는 달리 신성로마 제국은 독일만을 지배했을 뿐, 카롤루스 대제처럼 서유럽 전부를 지배한 제국이 아니었습니다.

신성로마 제국이라고는 하지만 이탈리아·로마를 지배하지 못하고 이름뿐인 '제국'이었지요.

오토 1세의 사후, 역대 신성로마 제국의 황제들이 로마를 수중에 넣으려고 이탈리아를 공격했지만 실패했습니다. 프랑스에서는 카페 왕조 이후 왕조의 체제가 견실해졌기에 신성로마 제국은 프랑스도 수중에 넣지 못했습니다.

유럽의 황제 가문

유럽의 황제는 로마 시대 카이사르의 후계자라는 의미를 가집니다. 황제는 독일어로 카이저(Kaiser), 러시아어로는 차르(Czar)라고 하는데 둘 다 카이사르라는 뜻입니다. '카이사르의 후계자', '로마 황제'라는 의미가 황제라는 칭호에 포함되어 있습니다.

395년의 동서 로마 분열 이후, 황제는 동서 두 나라로 나누어집니다. 서쪽은 카롤루스 대제와 오토 1세, 그리고 역대 신성로마 황제로 계승됩니다. 신성로마 황제의 칭호는 15세기에 오스트리아의 귀족인 합스부르크 가문으로 세습됩니다. 따라서 합스부르크 가문이 황제의 칭호를 역대로 계승한 가문이 됩니다.

동로마 제국(비잔틴 제국)은 1천 년에 걸쳐 이어졌고, 황제도 계승되었습니다. 동로마 제국은 1453년, 오스만 제국에 의해 멸망합니다. 얼마간 황제 자리가 비워졌고 1480년, 러시아 귀족인 모스크바 대공 이반 3세가 스스로 후계자라고 나섭니다.

그의 아들인 이반 4세 시대에는 황제 계승이 내외적으로 인정되면서 그 후 러시아인이 황제를 계승합니다. 러시아는 17세기부터 로마노프 왕조가 세워져, 그 황제들이 동로마 제국 황제의 의의 또한 계승하게 됩니다.

정리해보자면 서로마 제국의 계승자가 신성로마 제국(독일·오스트리아)의 역대황제였고, 동로마 제국(비잔틴 제국)의 후계자는 로마노프 왕조(러시아)의 역대황제가 됩니다.

동쪽의 러시아 로마노프 왕조는 20세기의 러시아 혁명이 발발하기 전까지는 안정된 체제였습니다. 한편 19세기의 서쪽의 독일·오스트리아에서는 신성로마 제국의 황제 칭호를 역대 세습한 합스부르크 가문에 대항하는 새로운 세력인 프로이센의 호엔촐레른 가문이 독일인

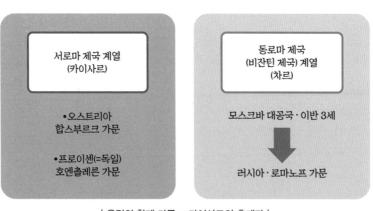

| 유럽의 황제 가문 = 카이사르의 후계자 |

에 대한 지배력을 강화합니다. 독일 북쪽 지방의 호엔촐레른 가문은 쇠퇴하는 합스부르크 가문을 대신해 자신들이 황제 칭호를 이어받아 한다고 주장하며 1871년, 독일 제국을 건국합니다.

이때 신성로마 제국의 황제 계승자는 구세력인 합스부르크 가문과 신세력인 호엔촐레른 가문에 동시에 존재하게 됩니다.

유럽의 황제 가계를 살펴보면 신성로마 제국의 흐름을 이어받으려는 합스부르크 가문과 호엔촐레른 가문, 그리고 비잔틴 제국의 흐름을 이어받으려는 로마노프 가문 이렇게 세 가문이 됩니다. 이 세 가문 외에는 황제 가문이 아니라서 가령, 프랑스의 태양왕이라고 일컬어졌던 루이 14세, 영국의 엘리자베스 여왕 등이 아무리 이름을 떨쳤어도 왕에 불과합니다. 또한 나폴레옹도 황제가 되었지만 역사적 혈통이 없을뿐더러 무력을 동원해 강제적으로 취했을 뿐입니다.

독일의 제국

독일은 962년에 건국된 신성로마 제국이 제1 제국, 1871년에 건국된 호엔촐레른 가문의 독일 제국이 제2 제국, 히틀러가 이끈 나치스 독일이 제3 제국이 됩니다.

교황이란 누구인가

교황은 로마 가톨릭 교회의 수장이고, 예수의 열두 명 제자 중 하나인 베드로의 후계자입니다.

베드로가 로마에 와서 교회를 세웠습니다. 당시 로마 제국의 박해를 받으면서도 로마 교회는 신자들의 열성으로 성장했습니다. 로마 제국이 4세기에 기독교를 공인한 이후 로마 교회의 지위가 확립되면서 그 수장인 교황의 지위도 널리 인식되었습니다. 로마 교회의 교황이 사도인 베드로부터 이어진다는 특별한 유래가 있기에 교황은 기독교 세계의 지도자가 됩니다.

5세기 중반의 교황 레오 1세는 '내 말은 베드로의 말'이라고 언급하며 예수·사도의 대리인을 자청했습니다. 교황의 지위는 역대로 계승되어 지금에 이르고 있지요.

이처럼 로마 교황의 권위가 높아지자 동쪽의 비잔틴 제국은 위협을 느꼈습니다. 로마 교황도 강대한 비잔틴 제국에 대항하려고 앞서 말한 대로 게르만인과 결탁, 게르만인의 왕인 칼을 황제로 인정하고 800년, 카롤루스 대제를 탄생시켰습니다. 9세기의 카롤루스 대제와 10세기의 오토 1세 시대는 교황과 황제의 협조관계가 원만해서 강대한 비잔틴 제국과 대치할 수 있었습니다.

하지만 11세기에 동방의 이슬람 세력인 셀주크 왕조가 비잔틴 제국에 쳐들어왔고, 그 후 비잔틴 제국은 급속히 쇠퇴합니다. 비잔틴 제국이 약해지자 서쪽은 위협당할 대상이 사라지면서 교황과 황제는 더이상 비잔틴 제국에 대항하기 위해 손잡을 필요가 없어졌습니다. 그러자 양쪽은 대립 관계 양상으로 바뀝니다.

서유럽의 교황과 황제의 대립에서 교황이 승리를 거두면서 교황은 황제, 영국·프랑스 등 각지의 왕, 제후를 거느리며 강력한 권력을 갖습니다. 교황은 십자군을 편성하고, 군사권도 장악합니다. 십자군은 동유럽을 침략한 셀주크 왕조를 격퇴하는 데 성공했고, 예수의 탄생지인 예루살렘을 방위할 임무가 주어졌습니다.

십자군은 동방에 주둔하면서 비잔틴 제국을 압박했고 동유럽을 지배하게 됩니다. 십자군의 지도자인 교황 역시 권위가 더욱 높아집니다. 13세기에는 교황 인노켄티우스 3세가 등장하면서 교황 권력의 절정기를 맞이합니다. 그는 '교황은 태양, 황제는 달'이라며 교황 권력이 얼마나 강력한지를 시사했습니다.

하지만 그 후 십자군은 이슬람 세력에 계속 패했고, 14세기에 들어서는 교황의 권위도 땅에 떨어집니다.

교황은 몰락했고 대신에 세속 권력인 황제 혹은 왕이 전면에 나서는 새로운 시대로 전환됩니다.

| 십자군 원정 (제1회) |

유럽2

노르만인의 해운 비즈니스

카롤루스 대제의 사후인 9세기 중반에 서로마 제국은 분열됩니다
(본서 85쪽 참조).

중앙유럽의 분열로 인한 혼란의 틈을 타 10세기 무렵부터 북방게르
만족이 유럽을 침략했습니다. 바이킹(호수 또는 바다가 육지로 파고 든 부분
에 사는 민족)이라고 불리는 이들 민족은 게르만인에 속하는 부류로 북
방에 살고 있었기에 노르만인(북방의 사람)이라고도 일컫습니다. 노르웨
이·스웨덴·덴마크 등지에 살던 게르만인이지요.

이들 지역은 발트해와 북해를 낀 해상교역의 발전으로 성장했습니
다. 당시 유럽 대륙의 북쪽 절반은 독일을 비롯해 울창한 삼림지대가
펼쳐졌는데, 물론 도로 따위는 없었고 오직 뱃길에 운송수단을 의존

했습니다. 해산물·모피·곡물 등 상품 교역이 확대되면서 유럽 북쪽 해안 지역에 도시, 시장이 형성되기 시작했고, 점차 내륙 도시보다 급속히, 게다가 고도로 발전했습니다.

발트해와 북해에서 해운 비즈니스에 종사한 민족이 노르만인입니다. 노르만인은 '바이킹=해적'이라는 이미지가 강하지만, 연안 지역을 약탈한 파괴자가 아닌 오히려 해운업으로 연안 지역을 네트워크 기지로 삼아 부흥시킨 창조자입니다. 당시 노르만인에 의한 연안 지역의 정복, 확대가 격렬하고 급진적이었기에 해적이라는 이미지가 뿌리 깊게 내렸다고 여겨집니다.

노르만인은 조선 기술, 항해 기술을 보유했기에 유럽 북쪽 해상의 패권을 쥐고 있었습니다. 해운 비즈니스를 독점한 노르만인은 해안의 항만도시를 정비하고, 12세기의 유럽 경제 도약으로 이어지는 발판을 형성했습니다.

노르만인은 활발한 해운 비즈니스로 축적한 부를 배경으로 스스로 나라를 세웁니다.

9세기, 발트해 연안에 노브고로드 왕국을 건국하는데 이것이 러시아의 모태가 됩니다. 노르만인 루스 족이 이 나라를 세웠는데, 러시아의 어원은 이 '루스'에서 비롯됩니다.

한편 북해 도버해협에는 현지인과 노르만인의 복잡한 싸움을 거쳐 1066년, 노르만 왕국이 세워지고 이는 영국의 모태가 됩니다. 이 노르만 왕국은 도버해협을 끼고 영국과 프랑스에 걸쳐 있는 나라였습니다.

그래서 영국 왕조는 프랑스 북방에 영토를 계속 소유했고, 프랑스인 귀족과의 혼인을 반복했는데, 이런 경위가 나중에 영프 백년 전쟁에서 영국 측이 프랑스 왕위와 그 영토를 요구하는 근거가 됩니다.

영국과 러시아의 모태를 만든 노르만인의 저력은 넓게 확장시킨 해상 교역과 경제 발전 속에서 형성되었다고 말할 수 있습니다.

노르만인의 해양 기술은 로마 교황도 높이 평가했습니다. 12세기, 십자군이 파견되었을 시대에 지중해 연안 지역으로 향하는 십자군의 안전을 해상에서 확보하려고 로마 교황은 노르만인을 지중해에 초청해 이탈리아 남부에 양(兩)시칠리아 왕국을 건설하게 했습니다. 지중해 진출의 야심을 품고 있던 노르만인에게는 절호의 기회였습니다. 지중해 지역에 진출한 노르만인에 의해 조선 등 해양 기술이 베네치아·제네바 등 이탈리아의 항만도시에 전해졌고, 이는 이탈리아 도시의 급성장에 기여했습니다.

남북의 아웃렛

십자군 원정으로 유럽 세계는 오리엔트·동방에 접촉할 수 있었고, 이는 중세의 닫혔던 세계를 열어젖히는 계기가 됩니다.

레반트 무역(동방 무역)이라고 불리는 이집트·중동 지역과의 교역이 십자군 원정 이후에 적극적으로 이루어지면서 12세기의 유럽·지중해 세계에 유래 없는 호경기를 가져다주었습니다.

인구의 확대, 화폐경제, 시장의 확대 등 12세기 유럽의 호황은 14세기에 시작되는 르네상스 시대에 빗대어 '12세기의 르네상스'라고 일 컬어집니다.

이 12세기의 호황기에 힘입어 유럽의 남북을 잇는 간선 아웃렛(유통 판로)이 구축됩니다. 북쪽 도시 뤼베크를 맹주로 삼은 한자 동맹권, 앤 트워프 등 플랑드르(벨기에)교역권은 북해와 발트해를 무대로 번영한 북쪽 마켓(지역)이었습니다.

한편 이탈리아의 베네치아가 중심이 된 롬바르디아 동맹권은 지중 해를 무대로 한 유럽 남쪽의 마켓(지역)이었습니다.

이 남쪽과 북쪽의 마켓이 뉘른베르크, 아우크스부르크 등 독일 도 시를 경유해서 이어지고, 나아가 롬바르디아 동맹권에서 지중해를 넘

| 12세기 유럽의 아웃렛(유통 판로)지도 |

어 카이로 등 오리엔트 경제권까지 연결되었습니다.

남북으로 연결된 간선 루트는 12세기의 호경기를 이룬 토대가 되었고, 이 루트를 따라 유럽의 도시 경제가 발전했습니다.

도시경제의 발전은 14세기의 르네상스 시대에 유력한 도시제후를 탄생시킵니다. 독일의 아우크스부르크의 푸거 가문은 은광산 경영·금융 비즈니스로 성공했습니다. 이탈리아 피렌체의 메디치 가문은 향신료·약품무역으로 부를 축적했습니다. 메디치라는 말에서 메디신 (medicine, 약품)이라는 말이 생겼습니다.

교회 건축의 붐

중세에서 교회는 행정권, 세금 징수권을 장악하는 한편 행정기관, 질서유지의 중심적 역할도 담당했기에 교회를 중심으로 마치 둘러싸듯 유럽 각지에서 마을이 건설되었습니다. 12~13세기 이후의 유럽은 유례없는 호경기와 더불어 건축 기술이 비약적으로 개량되면서 교회 건설의 붐이 일어났습니다. 프랑스의 아미앵 대성당, 샤르트르 대성당, 독일의 쾰른 대성당, 파리의 노트르담 대성당 등이 대표적입니다.

유례없는 호경기

한편, 프랑스와 영국은 앞서 언급한 남북을 연결해주는 간선 루트에서 벗어났기에, 12세기의 호경기 덕을 거의 보지 못하고 경제가 정체되었습니다. 이들 지역은 발전이 늦어졌고 거두어들이는 이익이 적었기에 국왕의 존재는 허울뿐이었고, 도로나 항만 건설 등 효과적인 인프라를 정비할 수 있는 재정적 여유가 없었습니다.

그래서 영국과 프랑스는 재정 이익을 보충할 타개책으로 대외 확대 정책 즉, 다른 나라를 침략해서 약탈하는 고전적인 패턴을 취했습니다. 바로 백년 전쟁(1339~1453년)입니다.

백년 전쟁은 영국의 왕이 프랑스 왕실의 혈통을 이어받았기에 프랑스 왕위도 자신들이 계승해야 한다며 일으킨 전쟁인데, 표면적인 명목이야 어떻든 양국은 전쟁이 필요한 충분한 이유가 있었습니다. 영국이나 프랑스도 남북으로 연결된 간선 루트의 호경기에 편승하고 싶었기에 인접한 플랑드르(벨기에) 교역권을 지배하려고 했습니다. 공교롭게도 플랑드르는 영국, 프랑스의 중간에 위치했기에 쟁탈의 표적이 되었습니다.

영국은 오래전부터 플랑드르 교역권과 밀접한 관계가 있었습니다. 영국은 프랑스와는 달리 토지가 척박해서 농업에 적합하지 않아 양을 키우는 등 목축업에 종사했습니다. 영국산 양모(wool, 울)는 당시의 첨단 기술 왕국이었던 플랑드르에 수출되었고, 그곳의 우수한 디자이너들이 고도의 편모 기계로 가공해서 제품화되었습니다. 영국과 플랑드르는 양모 제품을 생산하는 공정(로지스틱스)에서 강한 연대감이 존재했습니다.

영국의 입장에서 플랑드르는 중요한 지역이었고, 프랑스의 영향력을 배제함으로써 양모 제품의 생산 공정을 효율적으로 관리하면서 동시에 이익을 확보하려고 했습니다. 플랑드르의 모직물 업자도 프랑스에 지배당하기보다 영국의 지배가 훨씬 이익이 된다는 사실을 알고 있었습니다.

이런 경위로 인해 백년 전쟁이 시작되었고 예상대로 영국이 프랑스를 누르고 유리한 국면을 맞이했지만, 프랑스의 저항도 만만치 않았습니다.

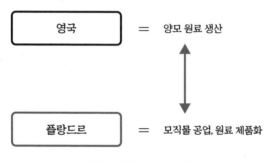

| 양모 제품의 생산 공정 |

원스톱(one-stop) 생산 공정

전쟁 중, 꽤 흥미로운 현상이 일어납니다. 플랑드르에 거주하던 모직물 업자 대부분이 전쟁터가 된 자국을 떠나 영국으로 이사하기 시작한 것입니다.

전쟁으로 경제활동이 방해받고, 원료인 양모를 안정적으로 수입하지 못하는 상황에 처한 플랑드르 모직물 업자들이 원료의 생산지인 영국으로 옮겨간 것이지요. 대륙과 떨어져 있는 영국은 전쟁도 없고 풍부한 양모 원료를 싼 값에 구할 수 있기에 플랑드르의 업자들은 효율성 있는 매니지먼트를 할 수 있었습니다. 그렇게 플랑드르의 뛰어난 기술·자본이 영국으로 이전되었습니다. 다음 도표에서 보듯 백년 전쟁이 시작된 1339년 이전의 영국은 원료수출국으로 전형적인 후진국이었습니다. 1350년 이후로 플랑드르의 기술자가 영국으로 건너오면서 모직물 제품이 영국에서 제조되고 수출되기 시작했습니다. 전쟁말기에는 양모 제품의 원료생산에서 제품화까지의 원스톱 생산 공정이 영국 국내에서 구축되었고, 1453년에 전쟁이 끝나자 모직물 제품의 수출량이 급증하면서 영국은 선진적인 무역국으로 변모했습니다.

아마 당시 영국의 정책 담당자도 그렇게까지 되리라고는 예상하지 못했을 것입니다. 플랑드르 업자의 영국 이주라는, 영국의 입장에서는 예상 밖의 행운이 찾아든 결과가 큰 변화를 가져왔습니다. 영국은 플랑드르의 기술·자본을 얻었기에 플랑드르의 토지를 필요로 하지 않아 1453년, 대륙에서 철수하기로 했습니다.

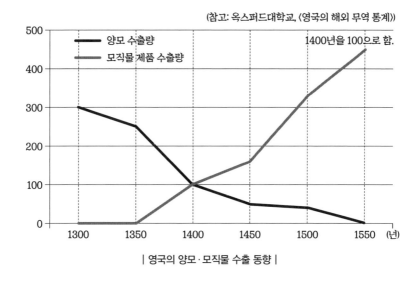

| 영국의 양모·모직물 수출 동향 |

영국의 양모 제품은 이미 국내 기술만으로 생산 가능했기에, 힘든 백년 전쟁을 치르면서 거액의 군사비를 지출할 필요가 없어졌습니다. 흔히 '성녀 잔 다르크가 나타나 프랑스를 승리의 기적으로 이끌고, 영국은 패배했다'고 백년 전쟁을 설명하지만 모두 거짓입니다. 영국의 철수는 정책적으로 이루어졌습니다. 프랑스가 병사들의 전의를 불태우게 할 생각으로 거짓 광고 전략을 펼쳤고, 잔 다르크는 그 광고에 이용된 여성에 지나지 않았습니다.

영국이 대륙에서 철수함으로써 겉보기에는 영국의 패배라고 여겨질 수도 있지만, 사실 패배한 것이 아닙니다. 만일 진짜 패배해서 국익이 손실되었다면 그 후의 경제적 도약을 설명할 길이 막연해집니다. 플랑드르의 기술, 자본을 전쟁 중에 손에 넣은 영국은 백년 전쟁에서 명예롭게 철수했다고 보는 게 타당합니다.

유럽 3

영국의 이노베이션

양모 제품의 생산 공정이 일련의 자연스러운 과정, 즉 '원스톱화'가 됨으로써 영국은 자본과 기술을 축적, 경제를 비약시켰습니다. 영국은 양모 제품을 저렴하고 효율적으로 생산해 대륙 각국에 대량으로 수출함으로써 막대한 이익을 얻었습니다. 이익을 올린 경영자·상공업자들을 신흥시민 즉, 부르주아(부르주아지)라고 부릅니다. 근대의 부르주아 시민 계급의 모태가 이렇게 백년 전쟁 후 영국에서 탄생되었고, 이후 부르주아의 영리추구가 근대자본주의를 형성합니다.

당시 영국에는 자본주의에 필요한 글로벌 마켓이 존재했고, 여기서 자유롭게 이동할 수 있는 자본, 기술의 유동성과 같은 요건이 갖추어져 있었습니다.

백년 전쟁 후, 영국에서는 인클로저(enclosure, 공동방목장 등의 공동권리를 배제하고 사유지임을 명시하는 것-역자 주)가 시작됩니다. 값싸고 품질이 좋은 영국의 양모 제품이 유럽 각국에 날개 돋친 듯 팔려나가자, 수요에 대응하기 위해 영국은 한층 더 양모 생산에 박차를 가합니다.

양모를 효율적으로 매니지먼트하려고 농지를 목양지로 통합해, 대규모로 조직화하는 움직임이 일어났습니다. 그 때문에 안 그래도 식량 생산량이 적은 영국에서 더욱 농지가 부족해져, 굶어 죽은 사람이 있을 정도였습니다. 이 상황을 당시의 철학자인 토마스 모어는 '양이 인간을 먹는다'고 비난했습니다.

그러나 양모 제품이 인기를 끌자, 영국 경제는 크게 성장했고 자본주의경제의 기초가 구축되었습니다. 제품의 수송을 원활히 하기 위해 도로·항만 기반 시설의 정비, 상거래의 계약, 규칙을 정하는 법체계의 정비, 또한 무엇보다 제품을 만드는 공장 라인의 건설이 국가 주도로 이루어지면서 국가경영의 중앙집권화가 진행되었습니다. 봉건제후가 각지에 흩어져 난립하는 중세적 사회구조가 쇄신되고 거대한 관료조직을 통솔하는 국왕의 권위가 강화되었습니다.

양모 제품의 히트로 부를 축적한 신흥 부르주아 세력은 국왕이 통솔하는 중앙집권을 원했고, 국가적 매니지먼트의 대규모화·효율화를 위해 재정적인 측면에서 왕권을 강력히 지원했습니다.

그로 인해 영국은 다른 나라에 앞서 근대적인 관료제가 정비되었고, 부르주아 세력에 의한 자본주의경제의 기초가 만들어졌으며, 더불어 중앙집권적인 절대주의의 토대도 형성되었습니다.

백년 전쟁 이전에는 유럽의 주요 간선 루트에 끼지 못해 이익을 바라보지 못했던 영국이었지만, 백년 전쟁 중에 습득한 '자본과 기술의 집적', 여기에 따른 중앙집권화라는 근대적 이노베이션으로 세계경제의 패권을 쥐게 됩니다. 이노베이션은 때때로 역경과 갈등 상황에서 비롯되는데, 그런 어려운 상황을 극복하겠다는 영국의 의지가 근대로 향하는 이노베이션을 탄생시켰다고 말할 수 있습니다.

네덜란드의 소매업

백년 전쟁 후인 15~16세기에 영국 이외의 나라들은 경제적인 부침이 심했습니다. 플랑드르(벨기에)의 모직물 업자가 영국으로 일터를 옮기면서, 플랑드르는 모직물 생산의 점유율을 영국에 잠식당하고 앤트워프를 비롯한 플랑드르의 도시는 급속히 쇠퇴했습니다. 이후 항만 도시인 앤트워프의 패권은 네덜란드 암스테르담에 자리를 내주게 됩니다. 그 배경으로는 앤트워프 항만의 수심이 얕아 대형 선박이 입항할 수 없었다는 이유를 일반적으로 꼽습니다. 그런 측면이 있었는지는 모르겠지만, 실제로 앤트워프 항만은 대형선박이 입항할 수 없을 만큼 수심이 얕지는 않았습니다. 수심이라는 물리적 난관보다 오히려 경제구조의 변화에 그 본질이 있다고 봐야 합니다.

플랑드르가 쇠퇴하면서 네덜란드는 대성공을 거둔 영국산 양모 제품을 대륙 곳곳에서 판매하는 '소매업'으로서 영국 제품을 독점으로 사들였습니다. 영국의 양모 제품이 대륙에서 팔리면 팔릴수록 네덜란드 상인은 그만큼 돈을 벌었습니다.

역사상 이처럼 다른 나라의 제품을 소매업자가 제휴해서 영업공세를 취한 비즈니스 모델은 처음입니다. 전대미문의 네덜란드 소매업 장사는 큰 부를 가져다주었고, 단기간에 네덜란드의 경제 수준을 끌어올렸습니다.

이후 네덜란드는 '중계무역국가'라고 불리게 됩니다. 영국 제품을 대륙 각지로 '연결시켜 판다'는 뜻입니다. 지금은 '상사(商社) 비즈니스'가 익숙한 말이지만, 이처럼 근대의 상사 원형은 15세기 이후 네덜란드로 인해 비롯되었습니다.

소매업이 번성했던 네덜란드는 영국 제품을 독점하려고 도매업 제도가 발달했고, 상거래 자금의 확보와 공급과 관련된 '금융'이 중요한 생명줄이 됩니다. 암스테르담에는 암스테르담 은행을 비롯해 은행·증권사·보험사 등 금융기관이 줄줄이 들어섰고 풍부한 자금을 시장에 공급했습니다.

암스테르담은 세계적 금융 센터로 발전했는데, 그 금융은 대부분 증권이나 주식발행이라는 직접형 금융이었습니다. 16세기에 들어서면서 암스테르담 증권거래소는 유례없는 활기를 띠기 시작했습니다. 오늘날처럼 공개된 증권·주식거래로 이루어진 금융경제가 역사상 최초로 탄생한 곳도 바로 이 시기의 네덜란드였습니다.

이처럼 네덜란드는 튼튼한 경제력을 배경으로 합스부르크 세력과 격렬한 전투 끝에 공화국으로서 독립합니다. 17세기에 들어와 네덜란드는 세계정복에 나서고, 기독교의 구교와 신교 사이에 벌어진 '30년 전쟁' 중이던 유럽의 혼란을 틈타 아시아에 진출했습니다. 말라카 해협을 지배하고 동남아시아, 대만·중국에도 진출했으며 에도 시대였던 일본에도 들어왔습니다.

또한 이 시대의 네덜란드는 다른 유럽 국가와는 달리 왕정이 아닌 공화국이었습니다. 네덜란드의 화가인 렘브란트의 '야간순찰'이라는 작품에는 민병대가 거리를 순찰하는 모습이 그려져 있는데, 시민에 의한 공동 통합과 공동 관리의 이념을 내세운 당시 네덜란드의 모습을 엿볼 수 있습니다.

(렘브란트 판 레인 작, 1642년, 암스테르담 국립미술관 소장)

| 야간순찰 |

암스테르담의 금융 시장 ────────────

17세기, 네덜란드의 황금기에 수도 암스테르담에는 세계적 명성에 걸맞게 거액의 자금이 흘러들어옵니다. 1618년, 독일에서 발생한 30년 전쟁에서 덴마크 · 스웨덴 · 프랑스 등이 합스부르크 세력과 싸우는 데 금융 지원을 행한 곳도 네덜란드계의 금융기관이었습니다.

네덜란드 독립전쟁 ────────────

'네이더르란던(Nederlanden)'은 북쪽의 네덜란드, 남쪽의 벨기에(플랑드르)를 가리키는 지역의 총칭입니다. 네덜란드인은 합스부르크 가문에 이어 스페인의 통치를 받고 있었습니다. 그러다 스페인 왕인 펠리페 2세의 신교도 탄압, 중과세 정책에 반발하면서 전쟁을 일으켰습니다. 북부의 일곱 개 주가 위트레흐트 동맹을 결성, 1581년에 네덜란드 연방공화국 즉, 네덜란드가 독립을 선언했습니다. 한편 남쪽의 네이더르란던이었던 벨기에는 합스부르크 가문의 지배를 벗어나지 못했습니다.

───────────────────────────────────

백년 전쟁의 후유증

백년 전쟁 후 프랑스 경제는 정체됩니다. PART 2에서 언급했듯이 '잔 다르크의 활약'은 겉으로는 프랑스가 백년 전쟁에서 '이긴'것처럼 보이지만, 이처럼 의심스러운 '승리'에 도취한 프랑스는 영국처럼 근대화로 이어지는 변화나 혁신이 일어나지 않았습니다. 영국처럼 자본과 기술의 축적도 없었고 봉건적인 농업경제, 영토주의가 여전했기에 영국보다 약 100년은 뒤처지게 됩니다.

프랑스는 16세기 후반, 위그노 전쟁이 벌어지면서 그제야 부르주아 신흥시민들이 출현해 상공업경제가 기능하기 시작합니다. 백년 전쟁에서 '이겼다'는 착각이 프랑스에 안긴 손실은 꽤 컸다고 말할 수 있습니다.

백년 전쟁 후, 독일이나 이탈리아도 성장하지 못했습니다. 아우크스부르크의 푸거 가문, 피렌체의 메디치 가문을 배출한 지역들이지만 이들 도시제후들은 상업을 독점했고, 길드라고 불리는 폐쇄적 특권조합을 편성함으로써 결코 시장을 자유롭게 개방하지 않았습니다. 이들 지역에서는 영국에서 나타난 자본, 기술의 자유로운 해외 이전이라는 자본주의 경제의 기본적인 현상이 일어나지 않았습니다. 때문에 자유경쟁이 막히고 능력 있는 경영자, 신흥 부르주아들이 시장에 뛰어들 여지가 없었지요.

독일, 이탈리아의 도시 경영은 어디까지나 봉건 제후들, 즉 지주나 귀족이 이끌어간 형태였기에 봉건 제후들의 뜻을 추종하는 상공업자들과의 유착 관계 속에서 이익을 올렸고, 그 이익은 봉건 제후들에게 환원되었습니다.

게다가 이처럼 독일, 이탈리아의 봉건적 도시 경영은 중세 시대부터 안정되게 일정한 이익을 올렸기에 별다른 노력 없이도 성공 비즈니스 모델로서 오랫동안 지속되었습니다. 봉건 제후들이 축적한 부는 막대해서 군사를 조직하는 데 사용되었고 각지에서 제후들이 군웅할거 했습니다.

독일·이탈리아는 그 후 19세기에 이르기까지 국가통일이 되지 않고 분열상태가 이어졌습니다.

이슬람

이슬람교의 발전

현재 세계 종교 중 신자수가 가장 많기로는 1위가 기독교이고 2위가 이슬람교, 3위는 힌두교, 4위가 불교입니다.

미국의 물리학자이자 역사가인 마이클 하트는 베스트셀러 저서인 《랭킹 100: 세계사를 바꾼 사람들》에서 인류사상 가장 영향을 끼친 인물은 이슬람교의 무함마드(마호메트)라고 주장했습니다(본서 110쪽 도표 참조). 마이클 하트가 예수를 1위 자리에 올려놓지 않았다고 해서 논란이 일었지요. 그에 따르면 "기독교의 세계적 전파는 예수보다 바울의 공적이 훨씬 크고, 한편 무함마드는 종교지도자뿐 아니라 세속·군사 지도자로서 이슬람에 대단한 영향을 끼쳤기 때문이다"라고 설명합니다. 세상에 끼친 영향은 수치화해서 객관적으로 바라볼 수 없기에 그

(참고: 야노쓰네타 기념회,《세계정세도감 2013/14년판》)

| 세계의 종교 신자 인구 |

의 주장이 타당한지 어떤지는 알 수 없습니다. 하지만 무함마드의 영향이 대단했다는 것은 사실입니다.

무함마드가 창시한 이슬람교는 단기간에 급속히 보급되었습니다.

그럼, 이슬람교 발전의 사회적 배경을 살펴보겠습니다.

이란·이라크 지역에 이란인들이 세운 사산 왕조 페르시아라는 나라가 있었는데, 6세기에 유럽의 비잔틴 제국(동로마 제국)과 격렬한 전쟁을 치르는 바람에 이란·이라크를 경유하는 아시아 교역 루트가 끊기고 대신에 사산 왕조 페르시아 영역을 피해 아시아에 이르는 교역 루트가 개발되었습니다. 아라비아 반도 서해안의 홍해 연안 지역인 히자즈(Hejaz, 영어로 헤자즈-역자 주)를 경유해 인도양에 다다르는 루트입니다(본서 111쪽 지도 참조).

히자즈의 중심 도시인 메카는 유럽과 아시아의 중계무역으로 막대

1위	무함마드	9위	콜럼버스
2위	뉴턴	10위	아인슈타인
3위	예수	11위	파스퇴르
4위	부처	12위	칼릴레오 갈릴레이
5위	공자	13위	아리스토텔레스
6위	바울	14위	유클리드
7위	채륜	15위	모세
8위	쿠텐베르크		

| 인류사상 가장 영향을 끼친 인물 랭킹 |

한 부를 축적했기에 번영했습니다. 한편 사산 왕조 페르시아의 이란·
이라크 지역은 쇠퇴했습니다. 히자즈의 번영은 극단적인 빈부격차도
동시에 발생시켰습니다. 많은 사람들이 경제발전의 은혜를 입지 못하
고 열악한 생활 수준으로 떨어지는 바람에 불만이 팽배했습니다.

이렇듯 사회적 모순이 만연한 가운데 예언자 무함마드가 등장합니
다. 무함마드는 메카 출신으로 명문 쿠라이시족의 상인이었습니다. 그
는 유일신인 알라에 귀의하라고 설교하며 이슬람교를 창시합니다. 이
슬람교의 경전은 코란입니다.

무함마드는 610년, 메카에서 빈곤층을 중심으로 포교활동을 펼치
면서 빈부 격차는 없어야 하며 유일신 알라 앞에서는 모두 평등하다
고 주장했습니다. 무함마드도 부유한 상인이었기에 자신이 벌어놓은

많은 돈을 빈곤층 구제에 썼습니다. 먹거리를 제공받은 빈곤층은 무함마드의 말에 귀를 기울이며 이슬람교에 귀의했습니다. 이슬람교가 주장하는 '평등한 세상'이라는 이념도 빈곤층의 마음을 움직였습니다. 급속히 퍼져가는 이슬람교를 경계한 지배층과 부유한 상인들은 이슬람교를 탄압했고, 무함마드는 질서를 어지럽히는 위험한 인물이라며 박해받았습니다.

무함마드는 박해를 피해 622년, 메카에서 메디나로 이동했는데 이를 헤지라(성스러운 이동)라고 부릅니다. 바로 이 622년이 이슬람력으로 원년이 됩니다.

메디나에서 태세를 정비해서 세력을 확장시킨 무함마드 일파는 드디어 630년, 메카를 점령하고 지배층을 몰아냈습니다. 이 땅에 성전인

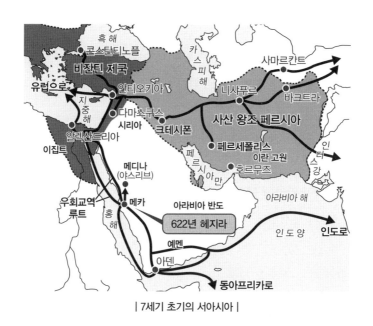

| 7세기 초기의 서아시아 |

카바를 세우고 이슬람교의 본거지로 삼았습니다. 이는 빈곤층인 무함마드 세력이 수적 우위로 상류층 계급을 쫓아낸 일종의 쿠데타라고 말할 수 있습니다. 무함마드(이슬람교) 세력은 헤지라 지역을 거점으로 이윽고 아라비아 반도 전역을 통일합니다.

후계자 시대가 열리다

무함마드가 죽자, 그의 후계자인 칼리프가 이슬람을 지배합니다. 칼리프는 예언자인 무함마드의 대리인이라는 뜻입니다. 무함마드의 친족에 해당하는 '대리인'이 4대에 걸쳐 이슬람을 통치하는 '정통 칼리프 시대'가 시작됩니다.

초대 칼리프인 아부 바크르는 이슬람의 내부 단결을 공고히 합니다. 2대 칼리프인 우마르는 대외진출을 꾀해 아라비아 반도의 전역을 지배하게 되고 나아가 지배영역을 확대해야 한다며 북동에 위치한 이란까지 진출합니다.

642년, 니하반드 전투에서 사산 왕조에 이겨 이란·이라크를 수중에 넣고 나자 중동 지역의 이슬람 지배는 확고해집니다. 사산 왕조를 정복함으로써 종래의 유럽과 아시아를 잇는 동서교역로가 부활했고, 그 교역에서 발생하는 이익은 이슬람을 더욱 강대하게 만들었습니다. 또한 비잔틴 제국으로부터 시리아, 이집트를 빼앗았습니다. 이 같은 이슬람의 대외 전쟁을 지하드(성전, 이슬람교도에게 부과된 종교적 의무)라고 부릅니다.

사산 왕조를 멸망시킨 이슬람 세력은 중동전역을 지배하게 됩니다. 확대일로의 이슬람은 유럽·기독교 세력도 지배하려고 멈출 줄 모르는 정복욕을 불태웁니다.

무함마드 시대에는 기독교도를 '경전의 백성'이라고 간주해서 적대시하지 않았습니다. 하지만 사산 왕조를 정복한 이후 이러한 사고방식이 변해 기독교도를 정복하는 게 일종의 지하드, 다시 말해 성스러운 전쟁으로 받아들여졌습니다. 이슬람은 갈수록 강대해지면서 군사적 팽창을 멈출 줄 몰랐고, 다음 목표를 정하는 가운데 기독교 세계를 적대시하게 되었습니다.

이슬람 세력은 동유럽의 비잔틴 제국(동로마 제국)과 대치할 전선기지를 시리아에 구축하고, 여기에 주력정예군을 집결시켰습니다. 그 수가 수십만 명에 이르는 정예군을 통솔한 총독은 무아위야라는 인물이었습니다. 무아위야는 무함마드의 먼 친족에 해당하는데 온후하고 독실한 성격으로 칼리프를 비롯한 장수들의 신뢰를 받았습니다. 무아위야는 칼리프로부터 비잔틴 제국 공격의 전권을 위임받았기에 누구의 간섭도 없이 정예군을 지휘할 수 있었습니다.

이슬람 최고의 군단을 거느린 무아위야는 마음만 먹으면 스스로 이슬람 천하를 빼앗을 수도 있었습니다. 독실한 무아위야조차 그 유혹을 견디지 못했습니다.

무아위야의 군단은 비잔틴 제국과의 전쟁을 일시 중단하고 급거 회군해서 칼리프가 있는 아라비아 반도로 진격했습니다. 그 혼란 와중에 4대 칼리프인 알리가 암살당합니다.

군인을 위한 정권

무아위야는 661년, 스스로 우마이야 왕조를 세웁니다. 정통 칼리프 시대에는 정통 칼리프를 중심으로 이슬람 종교지도자가 위정자로서 강한 권력을 갖고 있었지만, 무아위야의 무력 쿠데타로 인해 그들은 배제되었습니다.

이렇게 군인을 위한 정권인 우마이야 왕조가 탄생했습니다. 우마이야 왕조의 성립 이후 비잔틴 제국에 대한 공격이 본격적으로 재개되었습니다. 우마이야 왕조는 소아시아를 정복하고 673년, 비잔틴 제국의 수도인 콘스탄티노플을 포위합니다. 하지만 콘스탄티노플의 수비는 단단했고 공격은 실패합니다.

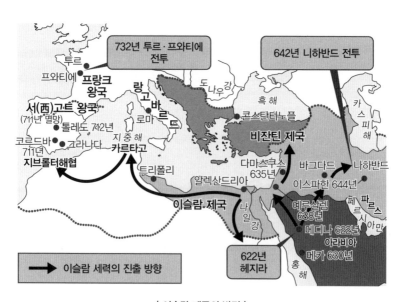

| 이슬람 제국의 발전 |

콘스탄티노플을 정복하지 못한 우마이야 군대는 발칸 반도를 넘어 유럽으로의 중앙 돌파가 불가능했습니다. 어쩔 수 없이 우마이야 군대는 북아프리카를 경유하는 우회 루트로 가야 하는 전략상 난관에 봉착했습니다(본서 114쪽 지도 참조).

그래서 북아프리카에서 스페인으로 들어가 유럽의 배후를 치자는 새로운 전략을 짰습니다.

698년, 우마이야군은 비잔틴 제국의 영토인 카르타고를 점령해 북아프리카로 진출할 교두보를 확보했습니다. 이윽고 711년, 스페인을 점령한 후 서유럽 세력과 대치하게 됩니다.

이 당시, 유럽 세력은 제각기 부족으로 갈라져 사분오열된 상태였습니다. 거기에 이슬람이 갑자기 위협하며 나타나자 서유럽의 부족들에게 긴장감이 고조되고 이슬람 위협에 대항하려고 단결하기 시작합니다. 이 단결의 중심 세력은 가장 강력했던 게르만계의 프랑크족이었습니다(본서 84쪽 참조).

프랑크족인 카를 마르텔은 732년, 투르·프와티에 전투에서 우마이야 군사를 격파합니다. 이 카를 마르텔의 자손이 나중에 서유럽 세계를 통일한 카롤루스 대제입니다.

20세기의 벨기에 역사학자인 앙리 피렌느는 "무함마드 없이는 샤를마뉴도 없었다"라는 유명한 말을 남겼습니다. 샤를마뉴는 카롤루스 대제를 지칭하는 것으로, 이슬람의 위협이 사분오열이었던 서유럽을 단결시켜 통일로 이끌었다는 의미입니다.

우마이야 왕조는 무아위야가 건국할 때 이미 군사주의적 성격을 띠었습니다. 군사주의는 그 거대한 군사 시스템을 유지·팽창시키려면 늘 다른 나라를 침략하지 않으면 안 되는 숙명을 안고 있습니다. 우마이야 왕조는 북아프리카를 넘어 스페인을 침략·약탈하는 동안에는 군사 시스템을 유지하고, 국가를 번영시킬 수 있었습니다. 하지만 투르·프와티에 전투에서 패하면서 그 침략이 멈추자, 군사 시스템은 곧장 동요되면서 어이없이 무너졌습니다.

750년, 우마이야 왕조가 붕괴되고 새롭게 아바스 왕조가 건국되었습니다.

약탈의 한계, 분열의 시대

아바스 왕조는 우마이야 왕조처럼 군사 국가가 아니었습니다. 우마이야 왕조의 군사 팽창주의의 한계를 반성하고, 경제성장에 의한 정권의 구심력을 유지하려고 애쓰는 한편 군인들의 강한 영향력을 떨쳐내려고 했습니다.

우마이야 왕조에서는 군사적 권한이 주어진 군인이 될 수 있는 자격은 아랍인뿐이었습니다.

이란인 등 외국인에게 군사적 권한을 부여하면 그들이 무기를 갖는 순간 배반할 우려가 있을뿐더러 예상되는 반란을 미연에 방지할 필요도 있었습니다. 외국인을 군사로 받아들여도 졸병 취급에 지나지 않았지요.

또한 우마이야 왕조에서 아랍인의 군인 집단은 엘리트 특권 계급으로 세금이 면제되었습니다.

아바스 왕조는 그러한 군인 엘리트층의 특권을 폐지하고 다른 외국인과 마찬가지로 세금을 내게 해서 군사주의의 잔재를 없애려고 했습니다. 그럼으로써 군인들의 역할이나 권한이 크게 축소되었습니다.

군인들은 이에 크게 반발했습니다. 특히 우마이야 왕조 시대에 목숨을 걸고 스페인까지 원정했던 아랍인 군인들에게는 특권 폐지를 받아들이는 것 자체가 굴욕이었습니다. 그들은 아바스 왕조를 따르지 않고 스페인에 후(後)우마이야 왕조를 따로 건국하고, 독립했습니다. 아바스 왕조는 건국 초기부터 분열을 머금은 상태였습니다.

아바스 왕조는 시아파를 탄압했습니다. 시아파는 4대 정통 칼리프인 알리를 신봉하는 소수파입니다. 그들은 우마이야 왕조도 아바스 왕조도 인정하지 않았고, 무함마드의 딸 파티마의 사위인 알리와 그 자손만을 정통 칼리프로 해줄 것을 주장했습니다. 이른바 반체제적인 원리주의의 성격을 띠고 있었습니다. 이에 비해 다수파는 수니파(순나파)입니다. 우마이야 왕조 시대부터 시아파는 탄압받았지만, 아바스 왕조 시대에는 중앙집권적 독재가 심해지면서 시아파에 대한 탄압도 더욱 거세졌습니다. 시아파는 아라비아 반도를 떠나 이집트로 피신했고, 10세기에 파티마 왕조를 세우고 아바스 왕조에 대항했습니다.

이처럼 이슬람의 분단은 피할 수 없었고, 그 후로도 이슬람권 각지에서 여러 왕조가 탄생합니다.

11세기, 투르크인의 셀주크 왕조가 기운이 쇠약해진 아바스 왕조로부터 실권을 빼앗아 술탄(황제)으로서 이슬람권을 통치합니다. 하지만

12세기에 셀주크 왕조도 내부 분열로 붕괴됩니다.

13세기에는 피폐한 이슬람권에 멀리 떨어진 동방의 몽골인이 쳐들어옵니다. 몽골군을 이끌었던 장군은 훌라구(Hulagu)라는 인물이었는데, 그는 칭기즈칸의 손자였습니다. 훌라구는 중동 지역에 '일 한국'을 세우고 이슬람권을 지배합니다.

칼리프와 술탄 ────────────

투르크계 셀주크 왕조의 토그릴베그는 1055년, 시아파의 부와이 왕조를 무너뜨렸는데, 그 공적을 인정받아 아바스·칼리프로부터 술탄(황제)의 칭호를 부여받습니다. 이로 인해 칼리프는 이슬람교의 성스러운 권위의 지도자로, 술탄은 속세의 실질적인 지도자로서 그 역할이 분담됩니다.

중국1
송나라, 원나라

경제성장과 함께 부자가 된 자들

907년, 당나라가 멸망하고 분열과 혼란의 시대로 접어듭니다. 다섯 왕조와 열 곳의 군벌 정권이 난무했던 이 시대를 5대10국 시대라고 부릅니다. 분열 시대를 수습하고 통일 왕조가 된 나라가 960년에 건국된 송나라입니다. 조광윤이 송나라를 세웠습니다.

송나라는 시장을 개방했고, 상업경제를 비롯해 각종 산업경제가 융성했습니다. 이전의 당나라에서는 중앙집권의 관리 체제라서 시장 개설은 조정의 인가가 필요해 일반 민간업자가 자유롭게 참여할 수 없었습니다. 또한 당나라 조정은 도자기 제조 분야인 요업을 비롯해 양잠·직물업, 제철, 제염 등의 산업을 독점·관리했기에 산업 전체가 경직화되었습니다. 당나라 후반에 관리경제체제가 무너지면서 시장과 산업이 개방되고 이에 따라 서민 출신이라도 부를 축적할 수 있었기에 부유층이 된 새로운 세력이 나타나기 시작했습니다. 이 새로운 세력은 송나라 시대에 형세호(形勢戶)라고 불렸는데 커다란 사회적 영향력을 갖고 있었습니다.

형세호는 농업분야에서도 널리 나타났습니다. 강남(중국남부)개발이 진행되면서 무논이 확대되었습니다. 농기구의 개량, 치수와 관개도 개선되었습니다. 수해나 가뭄에 강한 벼로 품종이 개량되었고 경작이 어려운 땅에서도 잘 자라는 콩, 호박 등이 널리 재배되었습니다. 농업 생산의 급성장은 새로운 부농 계급을 탄생시켰고, 그들은 넓은 농지를 소유한 형세호가 됩니다. 농업의 발달은 식량 공급을 원활하게 해주면서 인구 확대에도 기여했습니다.

이처럼 당나라 말기에서 송나라에 이르기까지 상공업, 농업이 발전하면서 경제성장의 흐름을 타고 새로운 시대에 성공한 사람들이 형세호입니다. 송나라는 형세호의 지지 기반으로 성립되었고, 경제 정책을 중요시하며 경제성장을 목표로 삼는 정권이었습니다. 형세호의 지지를 받으며 이루어진, 군사력보다는 경제력을 우선시하는 정책을 문치주의라고 합니다. 형세호라는 부자들을 지지층으로 삼은 송나라 정권은 돈의 흐름을 원활히 만드는 게 주어진 임무였고, 형세호의 이윤에 직접적으로 관련이 없는 정책은 뒤로 밀렸습니다.

송나라는 개봉을 수도로 삼았습니다. 개봉은 남북으로 뻗은 운하와 황허가 교차하는 접점으로 물류 네트워크의 중심이었습니다. 개봉을 중심으로 남북의 유통이 정비되었고 운수·교통의 효율화가 이루어지면서 경제발전에 도움을 주었습니다.

또한 송나라에서는 화폐경제도 활발했습니다. 송나라의 연간 동전 주조량은 당나라 시대의 약 50배에 이르렀습니다. 그래도 동전 주조량이 달렸기에 교자(交子)라는 세계 최초의 지폐를 발행, 동전과 교환 가능한 대용 화폐로 유통되었습니다. 교자는 종이라서 휴대도 편했기에 동전보다 보급·확대되면서 교자에 의한 신용거래 경제도 정착되었습니다. 다만 나중에 교자가 남발되면서 그 가치가 폭락해, 경제 파탄의 원인이 됩니다.

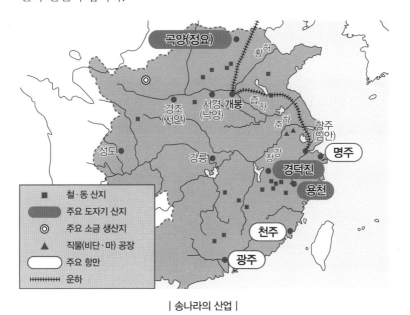

| 송나라의 산업 |

돈이 맺은 인연의 한계

송나라는 경제력을 배경으로 이민족에게 거액에 해당하는 물품을 공납함으로써 그들의 침입을 피할 수 있었습니다. 문치주의는 경제성장과 확대를 배경으로 이루어지는 외교 전략이기도 했습니다.

송나라가 이민족에게 은·비단·차를 바치는 대신 이민족은 송나라를 공격하지 않기로 약속했습니다. 북쪽의 몽골인, 서쪽의 티베트인이 송나라와 협정을 맺은 이민족입니다.

경제가 비약적으로 성장한 반면에 경제적으로 뒤처진 빈곤층도 대량으로 양산되면서 빈부 격차가 심해졌습니다. 6대 황제인 신종은 왕안석을 재상으로 기용해 빈곤층 보호 정책을 실시했습니다. 왕안석은 가난한 소농인, 소상인을 구제하려고 부유층에 세금 부담을 가중시켰습니다. 왕안석의 좌파(빈곤층의 편을 듦) 개혁은 대지주·부호상인 등 우파인 부유층(형세호)의 반발을 불러일으켰고, 우파는 사마광을 중심으로 구법당을 만들어 대항했습니다. 최종적으로 사마광 일파가 힘겨루기에서 이겼고, 좌파·빈곤층은 구제받지 못했습니다.

그 후에도 빈곤층은 계속 늘어났고 구매력이 없는 빈곤층이 사회의 다수를 차지함으로써 소비가 정체되었습니다. 동시에 경제 전체의 흐름도 가라앉았습니다.

경제가 정체되면서 세금 징수액도 줄어들었고, 이민족과 사이좋게 지내려고 지불한 거액의 물품도 이전처럼 제공할 수 없었습니다. 돈이 떨어지면 인연도 끊깁니다. 당연히 받을 물품을 받지 못한 몽골인들은 화가 나서 송나라를 공격했고, 송나라는 무너졌습니다.

이 몽골인들은 여진족이라는 만주계 몽골인으로 금나라를 세웠습니다. 금나라는 개봉을 점령하고 화북(중국 북부)을 지배합니다. 무너진 송나라는 강남으로 피해 임안(항주)을 수도로 삼고 남송을 건국합니다.

남송에서는 금나라에 어떻게 대항할지를 놓고 국론이 두 갈래로 갈라졌습니다. 화평을 주장한 비둘기파가 논쟁에서 이겨 1142년, 금과 화평조약을 맺고 살아남았습니다. 하지만 13세기에 몽골의 쿠빌라이가 남송을 멸망시킵니다.

몽골의 실크로드

몽골계 민족은 넓게는 아시아 황인종 전체를 일컫습니다. 중국인, 일본인도 여기에 해당하지요. 좁게는 몽골 고원에서 만주에 걸쳐 분포한 사람들을 가리키고, 더 좁히자면 몽골 고원에서 텐트를 치고 유목생활을 영위하는 사람들입니다(이 유목민족은 이전에 흉노라고 불렸습니다).

13세기 초에 나타난 그 유명한 칭기즈칸은 가장 좁은 의미로 볼 때 순수한 몽골인 출신입니다. 칭기즈칸은 당시 제각기 흩어져 있던 몽골인 부족을 통합했고, 세계를 정복하게 됩니다.

11세기 이후 유라시아대륙은 호경기로 들끓었습니다. 유럽에서는 십자군 원정이 동방무역을 낳았고, 중국에서는 송나라가 경제 우선 정책을 취했습니다. 이러한 호경기 속에서 동서무역의 대동맥인 실크로드가 비약적으로 발전합니다. 칭기즈칸은 실크로드를 지배해, 막대한 이익을 쥐게 되면서 세계 제국으로서 몽골을 만들어갑니다. 동서로 광활히 펼쳐진 실크로드를 관리하고 지배하려면 몽골인 기마대의 기동력이 필수적이었습니다.

중앙아시아의 중심에 자리 잡은 오아시스 도시 사마르칸트는 실크로드를 통제하는 데 중요한 거점이었습니다. 사마르칸트는 당시 투르크계가 세운 나라인 '호레름'이 지배하고 있었습니다. 칭기즈칸은 교묘한 양동작전으로 호레름을 멸망시키고 사마르칸트를 손에 넣습니다. 칭기즈칸은 만년에 티베트계가 세운 나라인 서하도 멸망시키고 실크로드권의 전 지역을 장악합니다.

몽골은 실크로드를 완전히 지배하면서, 거기서 나오는 막대한 이익을 배경으로 급성장합니다. 그 영역은 동유럽, 중동 전역, 아프가니스탄, 티베트, 미얀마, 중국, 한반도까지 뻗쳤는데, 총면적이 약 3,300만 제곱킬로미터에 이르렀습니다.

몽골이 실크로드를 장악하기 이전에는 실크로드를 따라 여러 국가, 부족사회가 난립하는 바람에 교역 상인들이 그들의 영역을 통과할 때마다 통행세, 관세를 내야 했습니다. 관세 수속이나 신고도 번거로워 상인들은 며칠이고 한 지역에서 체류할 수밖에 없는 상황도 적지 않았습니다. 이처럼 비효율적인 방법을 몽골이 없앴습니다. 상품의 최종 판매지에서만 상품 가격의 30분의 1(3.33%)에 해당하는 저렴한 판매세를 물리는 세금 체제로 바꾸면서, 통행세를 비롯한 번잡한 관세를 폐지했습니다. 또한 세금 징수는 만국 공통의 가치를 지닌 은으로 정해 세금 체계를 공통화시켰습니다.

몽골에서는 은본위제의 경제가 구축되고, 은을 기반으로 한 글로벌 투자 경제, 신용거래가 활발히 이루어졌습니다.

몽골은 실크로드를 따라 수킬로미터마다 위병소, 숙박업소를 두는 역참제를 정비해 실크로드 상인들의 안전을 보장했습니다. 이에 도적으로 인한 피해가 격감하고, 대상무역, 상업 네트워크가 활성화되었습니다. 각종 정보는 역마다 릴레이 방식으로 신속히 전달되어 실크로드에 사건이 발생하면 기동력이 뛰어난 몽골 기마대가 달려와 신속히 처리해주었습니다.

칭기즈칸의 즐거움

칭기즈칸은 측근에게 '인생 최대의 즐거움은 미운 적을 쳐부수고 적의 재산을 빼앗아 적의 눈앞에서 그 처와 딸을 능욕하는 것'이라고 말하기도 했습니다. 도손은 저서인 《몽골 제국사》에서 칭기즈칸의 그 기질을 상세히 분석하고 있습니다. 도손은 19세기 말 아르마니아계 터키인으로 역사가, 외교관이었습니다.

| 몽골 제국 |

인도까지 도달한 몽골

칭기즈칸의 사후에도 몽골의 확대 정책은 이어집니다. 칭기즈칸의 아들, 손주들이 각지에서 세력을 쥐고 유라시아 대륙을 분할 통치했습니다. 그 중에서 쿠빌라이는 남송을 멸망시키고, 중국 전역을 지배하며 가장 강력한 힘을 지니게 됩니다. 쿠빌라이는 원나라를 세우고 수도를 대도(지금의 베이징)로 정합니다. 대도를 중심으로 항주·천주·광주 등의 해항도시(본서 125쪽 지도 참조)도 번영하면서 해상무역이 발전합니다.

마르코 폴로는《동방견문록》에 원나라의 번영을 자세한 기록으로 남겼습니다.

유라시아 중부의 한국(汗國)은 14세기에 티무르 제국에 통합됩니다. 건국자인 티무르는 투르크인과 몽골인의 피가 섞여 있지만, 티무르 제국은 몽골인을 지지 기반으로 세운 나라이며, 그 또한 칭기즈칸의 후계자임을 자처함으로써 몽골인 정권으로서 티무르 제국을 세웁니다. 티무르 제국은 몽골의 새로운 형태입니다.

티무르 제국은 수도를 실크로드의 요충지인 사마르칸트에 두고, 실크로드를 지배했습니다. 하지만 16세기가 되자, 대항해 시대를 맞으면서 동서 양쪽이 해상교역로에서 만나게 됩니다. 그러자 육로인 실크로드는 빠르게 쇠퇴합니다.

티무르 제국은 사마르칸트를 중심으로 한 실크로드 경영에 장래성이 없다고 판단하여, 중앙아시아 지역을 투르크계 우즈벡족에게 넘겨

당나라	중앙집권에 의한 시장 형성기 / 관제 경제
송나라	시장의 개방·자유화 / 민간 경제
원나라	시장의 국제화 / 실크로드 교역 / 해안 지역 항만 정비·해양 무역

| 중세의 중국 경제 3단계 |

주고 자신들은 대규모 군사를 이끌고 인도로 남하합니다.

티무르의 후예인 바부르는 1526년, 파니파트 전투를 통해 인도로 진출해 무굴 제국을 세웠습니다. 무굴 제국은 티무르·몽골 정권을 계승했는데, 무굴이라는 이름도 몽골에서 비롯되었습니다.

무굴 제국은 3대인 아크바르 황제 시대에 인도를 지배하게 됩니다. 5대 황제인 '샤 자한'은 인도 북부의 아그라에 세계유산으로도 유명한 타지마할을 건축합니다. 세계에서 제일 아름답다는 하얀 대리석의 이 궁전 형식의 묘지는 샤 자한이 죽은 왕비를 추모하며 세운 건축물로 1632년부터 20여 년에 걸쳐 완성되었습니다.

중국2
명나라

농업주의로 회귀

몽골의 원나라는 송나라의 경제성장 정책을 더욱 힘 있게 추진하면서 유례없는 호경기와 번영기를 누렸습니다. 실크로드 경영은 거대한 부를 낳았고 그 일대 각지를 연결해주는 역전제는 세계 유통으로 통하는 네트워크를 구축했습니다. 한편 항주·천주 등 항만이 정비되면서 바닷길 무역도 활발해졌습니다.

송나라 때부터는 지폐에 의한 신용경제가 보급되었습니다. 원나라는 은본위 제도를 구축, 은과 교환가능한 지폐인 '교초'를 발행했습니다. 하지만 쿠빌라이의 사후에 조정의 은 매장량보다 수십 배나 많은 교초가 남발되면서 교초의 가치가 하락하여 인플레가 발생했습니다. 당시는 경제성장이 순조롭게 진행되었기에 대량으로 발행된 교초라도 신용경제의 토대인 시장에 원활히 흡수되면서 오히려 경제성장을 뒷받침해주었습니다. 하지만 돈이 흘러들어간 시장이 팽창하면서 거품 경제가 되었습니다. 거품은 언젠가 터지듯 원나라도 거품 경제로 인해 붕괴됩니다.

14세기 후반, 원나라 말기에 대규모 민중 반란이 일어났고, 이 반란 세력 중에서 주원장이라는 인물이 두각을 나타냅니다. 주원장은 원나라를 멸망으로 몰아넣고 1368년, 명나라를 세워 자신을 홍무제라고 선언합니다. 수도는 금릉(현재의 난징)에 두고 강남(중국 남부)의 한족 세력을 정권의 기반으로 삼았습니다.

원나라에서 명나라로 정권이 교체되는 시기와 거의 비슷하게 일본에서는 가마쿠라 시대가 무너지고 무로마치 시대로 바뀝니다(본서 130쪽 그림 참조).

이전의 원나라는 과도한 상업주의 정책을 내세웠기에 거품 경제, 인플레이션을 초래했고, 그 결과 멸망했습니다. 그에 반해 홍무제는 착실한 농업경제를 국가의 기본으로 삼았습니다.

이러한 정책으로 말미암아 해금(해상무역금지)이라는 쇄국 정책을 펼쳐 나라의 문을 닫아걸었고, 민간인들이 외국과 상거래하는 행위도 금지시켰습니다.

농업경제에서 생산의 원천인 농촌에 대한 지배를 강화하려고 '부역황책'이라는 호적·조세대장과 '어린도책'이라는 토지대장을 만들어 농촌의 구석구석에 이르기까지 인구·토지 조사를 철저히 함으로써 농정관리 정책을 실시했습니다. 또한 원나라에서 폐지된 과거를 부활

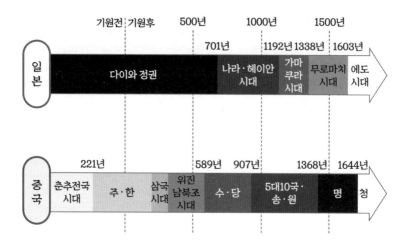

| 중국과 일본의 정권 변화 |

시켜 유교를 관학으로 삼아 백성들을 가르칠 유교 교육 시스템을 창설합니다. 유교의 '연장자의 뜻을 거스르지 말 것'이라는 봉건 사상을 농민들에게 철저히 주입시켜 반란을 방지하려고 했습니다.

명나라에서는 비단과 면직물을 생산하는 수공업이 발달했는데, 이는 민간 경영이 아닌 조정이 관리했습니다. 원재료 공급부터 제품의 판매까지 조정이 통제했기에 사람들이 자유롭게 시장에 참여하고 유통을 확산시키는 행위는 금지되었습니다.

명나라는 농업·산업, 해외무역 등 모든 분야를 관리하면서 통제경제를 펼쳤습니다. 하지만 후기에 들어서는 조정이 완전히 장악하지 못하고 암시장이 공공연하게 활개 치면서 세금을 거두어들이지 못해 만성적인 재정난에 시달립니다.

천하를 거머쥔 사람의 어두운 과거

주원장은 빈농 출신이지만 반란군 세력으로부터 덕망을 얻어 천하를 쥐고 황제에 오른 인물이었습니다. 기원전 3세기 말에 한나라를 건국한 유방도 농민출신이지만 실은 부농으로 살림이 윤택했다고 알려지고 있습니다. 주원장은 가난한 농가 출신으로 양친, 형제는 굶어 죽었고, 읽고 쓰기도 못했지만 성인이 되어 반란군에 가담한 후부터 열심히 공부했다고 합니다.

주원장에게는 참담했던 과거사가 있었고, 빈농출신이라 고생이 심했기에 의심이 꽤 많아 부하들의 모반을 극단적으로 두려워했습니다. 명나라 건국의 공신이며 측근이었던 중서성 장관인 호유용은 유능한 인물이었지만 주원장은 그를 경계했습니다. 호유용과 그의 부하들(중서성 관리) 2만 명을 처형했고, 아예 중서성을 폐지시켰습니다. 그 후에도 참모인 이선장을 비롯해 유능한 신하 5만 명도 처형했습니다. 주원장은 자신이 죽은 후, 그처럼 유능한 신하들이 쿠데타를 일으킬 것을 두려워했습니다.

유능한 신하들은 아침에 집을 나설 때, 영영 돌아오지 못할지도 모른다는 두려움에 가족에게 이별 인사를 했고, 그날 죽지 않고 무사히 귀가하면 가족끼리 재회를 기뻐했다고 합니다.

명나라의 역대 황제들도 주원장처럼 많은 유능한 신하를 숙청하는 바람에 능력 있는 인재가 조정에 모여들지 않고 어리석은 정치만 이어지면서 발전이 더디어졌습니다.

주원장은 대숙청을 저지르는 반면에 자신의 자식들을 왕으로 삼아 각지에 배치했습니다.

주원장이 죽고 1398년, 손주인 건문제가 2대 황제로 즉위하면서(건문제의 부친은 요절), 강력한 힘을 지닌 각지의 왕(주원장의 자식들)과 대립했습니다.

다음 해, 주원장의 넷째 아들인 연왕주체가 쿠데타를 일으킵니다. 병력이 적기에 연왕주체는 자신이 불리하다고 생각했지만, 주원장의 대숙청으로 유능한 장군은 모두 처형당했기에 건문제에게는 인재가 없었습니다. 반면 북방에서 몽골과 자주 전투를 벌였던 연왕주체에게는 유능한 장군이 많았습니다. 점차 건문제가 밀리면서 연왕주체가 승리를 거두었고 1402년, 명나라 3대 황제로 즉위하면서 자신을 영락제라고 칭했습니다. 영락제는 수도를 금릉에서 자신이 지배했던 영토인 베이징으로 옮겼습니다. 그리고 금릉은 난징이라는 명칭으로 바꾸었습니다.

영락제 시대도 해금(해상무역 금지)은 풀리지 않았지만, 영락제 자신은 해외진출에 적극적이었습니다. 이슬람 환관인 정화에게 명령을 내려 남해 원정을 떠나게 함으로써 항로 개척을 합니다. 정화는 아프리카 동해안까지 도달했습니다. 이는 유럽에서 대항해 시대가 시작된 것보다 무려 100년이나 빨랐습니다.

영락제가 죽은 후, 북쪽에서는 몽골 세력이 다시 힘을 키워 베이징을 포위하는 등 위협을 가했습니다. 또한 남쪽에서는 일본 해적인 왜구가 연안 지역을 약탈하며 명나라를 괴롭혔습니다.

이처럼 명나라의 이중고를 '북로남왜'라고 부릅니다. 일본은 무로마치 시대에서 전국 시대를 거쳐 도요토미 히데요시의 천하통일 시대로 접어듭니다. 도요토미 히데요시가 조선을 공격하자(임진왜란), 명나라는 조선의 원군에 들어가는 비용이 늘면서 재정파탄을 겪습니다. 이후 명나라는 관료, 환관의 당파싸움 등으로 급속히 국력이 쇠퇴하여, 급기야 백성의 반란으로 멸망합니다.

왜구 ———

명나라 때 중국 연안 지역을 약탈한 것은 실제로는 거의 중국인으로, 그들이 일본인 왜구를 가장했다고 전해집니다. 주원장 시대부터 해금(해상무역 금지)에 묶여 교역의 권리를 빼앗기고 곤궁에 처한 중국인 교역·해운업자가 중심이 되어 연안 지역을 무력으로 지배하려 했을 겁니다.

대만의 역사

예전부터 대만에는 남방중국계, 동남 아시아계 민족이 이주해서 살았습니다. 대만이 역사서의 기록에 나타난 시기는 3세기의 삼국 시대로, 7세기의 수나라 역사서에는 '유구국'이라는 명칭이 보이는데, 대만을 지칭한다고 알려져 있습니다.

하지만 '유구국'은 오키나와를 지칭한다고 생각하는 학자도 있습니다. 유구는 현재 오키나와를 가리키는 지명으로, 옛날에는 오키나와에서 대만까지의 넓은 범위를 포함해 유구를 비롯한 도우쇼 섬들 전체를 일컫는 말이었습니다. 실제로 오키나와인들과 대만인들의 왕래는 빈번해서 대만과 오키나와는 경제적으로 하나의 몸이나 마찬가지였습니다. 대만이 중국 영토의 일부라는 생각은 적어도 고대·중세에는 없었습니다.

13세기, 원나라 때에 대만은 한반도와 마찬가지로 원에 복속되었습니다. 명나라 때는 왜구가 대만을 일시적으로 지배했습니다. 17세기가 되어 대항해 시대에 접어들면서 포르투갈, 네덜란드 등 유럽 선박이 출현하자 대만은 해상의 전략적 중요성을 깨달았습니다. 일본에 전해진 대포나 기독교도 아마 대만을 경유한 것이 아닐까 여겨지고 있습니다.

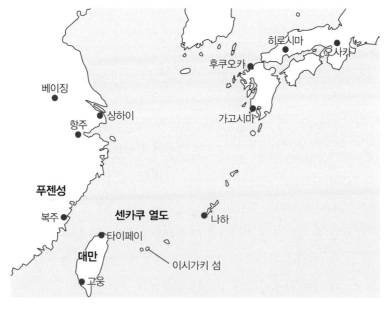

| 대만과 그 주변 |

같은 시기에 일본에서는 도쿠가와 막부가 열리면서 대만 지배를 결행했고, 1608년과 1616년 두 차례에 걸쳐 대만에 군사를 파견했지만 실패했습니다.

그 후 1624년에 네덜란드가 대만을 점령했습니다. 네덜란드는 대만을 필리핀 마닐라와 중국 마카오의 중간에 위치하는 전략 거점으로서 중요시했습니다.

1644년, 명나라가 백성의 반란으로 멸망하고 만주인이 세운 청나라가 들어섰습니다.

이에 명나라의 황족과 신하였던 사람들이 반청복명(청나라에 반대하고 명나라를 되찾자-역자 주)의 기치를 내걸고 청나라에 저항했습니다. 명나라의 신하였던 정성공은 청나라에 대한 반격 거점을 확보하려고 대만을 지배하고 있던 네덜란드를 몰아낸 후 1662년에 대만을 점령했습니다. 대만이 한족에게 지배당하는 것은 이때가 처음이었습니다.

정성공이 죽은 후에도 그 후손들이 20년에 걸쳐 청나라에 저항했지만 결국 청나라 황제인 강희제의 공격으로 멸망했습니다. 청나라는 푸젠성의 통치 아래 대만을 편입시킵니다. 현재, 중국은 그때를 근거로 자신들의 통치가 센가쿠 열도까지 뻗쳤다고 주장하고 있습니다(실제로는 그렇지 않습니다). 대만은 청나라에 편입된 후, 맞은편에 위치한 푸젠성, 광둥성에서 이민이 급증하면서 발전하게 됩니다.

19세기 후반에 영국 혹은 프랑스가 대만의 연안 지역을 지배했지만, 최종적으로는 1894년에 청나라가 청일전쟁에 패하면서 다음 해인 1895년에 시모노세키 조약에 따라 대만은 청나라에서 일본으로 넘어가게 되고, 일본의 지배를 받습니다.

PART 4

근세

근세에 접어들며 세계 곳곳에서
가장 강력한 제국과 왕국이 탄생했습니다.
황제 혹은 국왕들의 시대에는 어떤 신흥 세력들이 생겨났을까요?
세계사에서 가장 우아하고 화려한 무대,
그 이면에 숨겨진 이야기를 따라가봅시다.

16세기 이후, 세계 각지에서 중앙집권화가 진행되면서 거대하고 강력한 국가가 탄생했습니다.

중동 이슬람권에서는 오래 동안 분열상태가 이어졌지만, 16세기에 오스만 제국이 이슬람을 통치하면서 유럽을 가끔 공격했습니다. 인도에서는 무굴 제국이 탄생합니다. 무굴 제국은 유명한 세계유산인 타지마할을 건설한 왕조입니다.

중국에서는 명나라의 지배력이 약해지면서 17세기에 강력한 청나라로 정권이 바뀝니다. 이처럼 아시아의 제국들은 거대한 관료기구를 창설함으로써 중앙집권화를 꾀하고 유능한 관료들에 의한 치밀한 통치 정책이 펼쳐졌습니다.

또한 이들 제국은 예외 없이 복잡한 다민족 문제를 안고 있었지만, 합리적인 민족화합의 정책을 펼쳐 사회적인 융화 체제를 구축하는 데 성공했습니다. 일본은 에도 시대로 접어듭니다.

16세기 이후 유럽 각국에서도 강력한 제국, 왕국이 등장합니다. 이들 나라는 군주가 절대적 권한을 쥐었기에 그 체제를 절대주의라고 부릅니다. 새롭게 출현한 상공업자 즉 신흥 부르주아 계급의 재정적 지원에 힘입어 국가 주도의 효율적인 경제적 운영이 펼쳐졌습니다.

스페인·프랑스 등 절대주의국가는 15세기의 대항해 시대부터 시작되는 식민지 획득이 본격화되고, 18세기의 유럽 경제는 식민지경제를 착취하는 구조 위에 성립됩니다.

16~17세기의 서유럽 경제의 성장은 유럽 내륙지방에도 그 경제 효과가 파급되었고, 18세기에는 프로이센·오스트리아·러시아 등 후발주자 격인 절대주의국가의 탄생을 이끌었습니다.

이슬람권,
오스만 제국

지중해권으로서의 이슬람

십자군에 의해 동방 지역과 접촉한 유럽은 12세기에 지중해를 무대로 동방 지역과의 교역이 활발히 이루어지면서 유례없는 호경기를 누렸습니다. 활발한 지중해 교역은 이슬람 지역에도 호경기를 가져다주었습니다.

이슬람에서 지중해 지역의 현관은 이집트와 시리아입니다. 물품·돈·사람이 이 지역에 모여들면서 이슬람의 중심이 된 것입니다. 반대로 이전의 중심지였던 아라비아 반도는 쇠퇴하여, 이슬람의 중심축이 지중해 지역으로 옮아갑니다.

이집트·시리아의 경제 활황은 이슬람 상인들이 출현하는 계기가 되었습니다. 그들은 상거래를 위한 법체계를 비롯해 통일된 시장, 통일된 화폐를 원했기에 이슬람 전체를 이끌어줄 강력한 리더를 바라게 됩니다. 이때 리더로서 추앙받았던 인물이 살라딘(살라흐 앗딘)이었습니다. 살라딘은 쿠르드 족이라는 무장을 갖춘 아랍계 소수민족 출신입니다. 쿠르드 족은 예전부터 전투의 프로였고, 강인한 병사가 모인 집단으로 알려졌는데 특히 살라딘은 그 중에서도 천재적인 전략가였습니다.

이슬람 상인들이 살라딘을 재정적으로 후원하면서 살라딘의 군사는 증강되었고 상인들의 바람대로 이집트·시리아를 통일해 1169년, 아이유브 왕조를 세웁니다. 아이유브 왕조는 카이로를 수도로 정하고 지중해교역으로 번창했습니다.

유럽에서는 영국의 왕 리처드 1세를 중심으로 제3차 십자군이 결성되었지만, 이를 살라딘이 격퇴하며 본격적인 전쟁이 시작되었습니다. 하지만 이슬람 상인들은 살라딘과 그 휘하의 병사들이 리처드 1세와의 전투를 확산시키려는 양상을 달갑게 생각하지 않았습니다. 지중해교역에서 유럽 상인들과 교류하던 그들의 입장에서는 전쟁은 적당히 해두어야 자신들에게 해가 미치지 않았기 때문입니다. 만일 이슬람과 유럽이 총력전을 펼치면 지중해 교역이 중단될 우려가 컸습니다. 그러나 전사인 살라딘은 상인들의 말에 귀를 기울이지 않고 리처드 1세에 대해 전의를 불태웠습니다.

상인들은 살라딘의 행동에 속을 끓였고 지원을 중단합니다. 재정적으로 힘들어진 살라딘의 병사들은 사기가 떨어졌고, 십자군과 싸우려들지 않고 급기야 도망치기 시작했습니다. 역사서에는 귀신을 능가하는 리처드 1세의 용맹함이 살라딘의 병사들을 격퇴했다고 나와 있지만, 실제로는 상인들에게 버림받은 살라딘의 군사들이 재정적인 지원을 전혀 못 받아 전의를 상실했다고 봐야 합니다. 살라딘의 권위는 땅

| 19세기 프랑스의 화가 귀스타브 도레가 그린 살라딘의 이미지 |

에 떨어졌고, 그 결과 아이유브 왕조는 붕괴됩니다.

아이유브 왕조에 이어 13세기에 맘루크 왕조가 이집트·시리아를 통일했습니다. 맘루크는 투르크계 군인을 지칭하는데 이슬람권에서 용병집단으로 활약하고 있었습니다. 살라딘이 이끄는 병사 중에도 맘루크들이 많이 있었습니다. 맘루크들은 상인들의 지지에 힘입어 이슬람 시장권을 통일했습니다.

맘루크 왕조는 건국하고 머지않아 몽골의 침략을 받습니다. 이 시대의 몽골은 중동·동유럽을 석권하고, 그 여세를 몰아 아라비아 반도를 정복하고 이집트·시리아까지 세력을 확장시켰습니다. 맘루크 왕조가 이슬람 최후의 보루가 되어 몽골에 대항했습니다. 대외적인 위협이 오히려 내부 결속을 굳건하게 만들었고, 맘루크 왕조의 기반이 강화된 덕분에 몽골의 진격을 막을 수 있었습니다.

몽골을 퇴격한 맘루크 왕조의 위신이 높아지면서 이집트·시리아를 중심으로 지중해의 이권을 장악했고, 14세기 이후는 아라비아 반도로 세력을 확장시키고 인도양까지 진출해 인도양 교역의 이권도 장악합니다. 지중해와 인도양 사이에 위치한 맘루크 왕조는 크게 발전했습니다.

16세기에 포르투갈이 대항해 시대를 배경으로 인도양 진출을 본격화하면서 인도양의 지배권을 두고 포르투갈과 맘루크 왕조가 격돌했고, 디우 해전에서 포르투갈이 가진 대포의 위력 앞에 맘루크 왕조는 패배했습니다. 인도양 교역의 막대한 이권을 잃은 맘루크 왕조는 와해되었고 오스만 제국에 정복당합니다. 이후 이집트·시리아를 중심으로 오스만 제국이 지중해의 이권을 장악합니다.

오스만 제국의 진출

13세기 말, 몽골의 전성기가 지나고 이슬람 세력이 다시 세력을 회복하기 시작합니다. 중앙아시아에서 온 한 부족의 수장이었던 오스만 1세는 소아시아(아나톨리아 반도)에 오스만 제국을 건국합니다.

건국자가 투르크계 민족 출신이라 '오스만 투르크'라고 불리지만, 그들 스스로 그렇게 부르지는 않았습니다. 오스만 제국은 다민족으로 구성된 이슬람 국가로 지배자 계급이 다양한 민족의 출신자였기에 이슬람 통합국가를 형성했습니다. 오스만 투르크라는 명칭은 외부 국가인 유럽 등지에서 부르는 것입니다.

14세기, 오스만 제국은 쇠퇴의 길에 접어든 비잔틴 제국이 지배하던 발칸 반도에 진출했습니다. 황제인 메메드 2세 시대의 오스만 제국은 급성장한 국력을 배경으로 1453년에 콘스탄티노플을 점령, 천 년 동안 지속되었던 비잔틴 제국을 멸망시킵니다. 그리고 콘스탄티노플을 이스탄불이라고 이름을 바꿔 수도로 삼습니다.

이전의 비잔틴 제국은 강력한 힘으로 세르비아인·불가리아인·그리스인·루마니아인 등 발칸 반도의 민족들을 통치했습니다. 13세기 초에 비잔틴 제국은 같은 기독교 신자들인 십자군의 공격을 받고 일시적으로 붕괴했습니다. 13세기 중반에 비잔틴 제국은 부활하지만 이전처럼 강력한 힘은 없었습니다.

이러한 상황 속에서 발칸 반도의 민족들 사이에서도 분열이 생겼고, 대립이 극심했으며 지역 전체가 폐쇄 상황에 놓여 있었습니다. 각 민족의 유력한 제후들은 봉건적인 방식으로 영토를 지배했고, 세습

특권 정치의 만행이 다반사였는데, 200년 동안이나 지속된 이 폐쇄 상황을 타파한 것이 외부 세력인 오스만 제국이었습니다. 앞서 언급한 대로 메메드 2세는 콘스탄티노플을 함락시키고, 비잔틴 제국을 멸망시켜 발칸 반도의 지배자가 됩니다.

16세기 초, 셀림 1세는 맘루크 왕조를 멸망시키고 이집트·시리아를 수중에 넣습니다. 그러면서 오스만 제국은 지중해 제국으로서 그 이권을 장악합니다.

셀림 1세의 아들인 술레이만 1세 시대에 오스만 제국은 최고의 전성기를 구가하며 헝가리 정복에 이어 유럽 내륙까지 침략해 1529년, 합스부르크 왕가의 신성로마 제국의 본거지인 빈을 포위합니다(빈 포위). 또한 술레이만 1세는 프레베자 해전에서 스페인·베네치아 연합

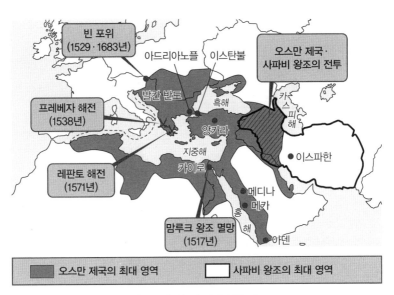

| 오스만 제국과 사파비 왕조 |

군에 승리를 거두며 명실공히 지중해의 패자로 떠오릅니다.

그러나 술레이만 1세가 죽은 후인 1571년, 레판토 해전에서 이번에는 거꾸로 스페인에 패배당하고 지중해의 권리를 뺏깁니다. 이후 오스만 제국은 몰락의 길을 걷습니다.

오스만 제국의 관대한 공존 정책

오스만 제국은 다민족협조주의를 취하면서 다양한 민족을 하나로 묶어 통치했습니다.

이슬람권으로부터는 투르크인, 이라크·아랍인, 이란인, 쿠르드인, 아르메니아인, 몽골인 등이 모였습니다. 발칸 반도를 중심으로 이슬람교 신자 이외의 기독교 신자에게도 관대한 공존 정책을 펼쳐 그들의 신앙의 자유도 인정해주었습니다.

오스만 제국은 인재등용에도 민족 화합의 태도를 취했습니다. 발칸 반도의 기독교 신자의 자제들을 강제적으로 연행해, 이슬람교로 개종시켜 영재교육을 시켰습니다. 아이들이 성인이 되면 그 중에서 우수한 자를 관료·군인으로 등용했습니다. 기독교 신자인 부모들은 자식들이 오스만 제국으로 강제로 끌려가는 것을 보고 한탄하면서도 장래에 상류지배층으로서 제국에 등용되기를 내심 기대하며 협조했습니다. 또한 인재로 등용된 기독교 신자의 자제들이 태어난 공동체는 면세를 받기도 했습니다.

오스만 제국은 기독교 신자의 자제들을 관료나 군인으로 등용시키면서 강제로 이슬람교 개종을 시키는 등 권력을 행사했지만, 이는 민족의 화합을 유지하기 위한 필요한 조치였습니다.

기독교 세력에서 황제 직속의 유능한 관료가 배출되면서, 기독교 세력을 배려한 효과적이고 구체적인 정책도 시행되었습니다. 또한 군 지휘권의 대부분을 쥐고 있는 황제 직속 부대를 '예니체리'라고 불렀는데, 이 부대 역시 영재교육을 받은 기독교 신자 중 유능한 자로 골라 뽑았습니다.

군의 통솔권을 쥔 입장에 있는 자를 이슬람교 신자의 자제들로 선발하지 않고 굳이 기독교 신자의 자제들로 한 이유는, 이슬람부호의 반란을 두려워했기 때문입니다. 기독교 세력을 회유함으로써 두 종교의 세력 균형이 이루어진 토대 위에 오스만 제국의 권력을 공고히 하려는 목적이었습니다. 예니체리는 처자식을 두면 안 되기 때문에, 그 자손들이 세습할 수도 없었습니다. 군의 통솔권이 세습되면 부패, 내란의 원인이 됩니다. 인재의 유동성을 확보하기 위해 황제가 늘 인사 임명권을 장악하고 있었습니다.

콘스탄티노플 공격 후, 오스만 제국은 유럽과 아시아를 이어주는 동서교역을 관리했는데, 이때 총이 독일에서 전해졌습니다. 셀림 1세 황제는 예니체리를 비롯해 군의 총무장화를 적극적으로 추진해 군대를 근대화합니다. 그 결과 셀림 1세는 1514년에 이란의 사파비 왕조를, 1517년에는 이집트의 맘루크 왕조를 정복하며 이슬람의 패권을 쥡니다.

사파비 왕조 —————————————————————————————————————

이란에 세워진 이란인에 의한 왕조입니다. 시아파로, 수니파의 오스만 제국에 대항합니다. 국왕인 아바스 1세 때 최고 전성기를 맞이해 새로운 수도인 이스파한이 건설됩니다.

—————————————————————————————————————

2장

청나라

변방의 만주인이 중국을 지배하다

중국의 역사 영화를 보면 독특한 머리 형태인 변발이 나옵니다. 현대인의 눈으로 보면 꽤 이상하지만 만주인의 중요한 풍습이었습니다. 일본인이 에도 시대 때 이마의 머리를 넓게 깎아 올리고 상투의 밑 부분을 앞쪽으로 구부린 작은 상투인 존마게도 이상하긴 마찬가지이지만 무사의 중요한 풍습이었다고 생각하면 되겠지요.

만주인은 중국계가 아닌 몽골계 민족으로 중국 동북부인 만주에 살고 있었는데, 여진족이라고 불리며 만주어라는 독자적인 언어 문화도 있었습니다. 중국변방의 만주인이 청나라를 건국, 1644년부터 1912년까지 약 250년 동안의 긴 세월에 걸쳐 중국을 지배합니다. 이민족인 만주인의 청나라 왕조가 어떻게 250년에 걸쳐 중국을 계속 지배할 수 있었을까요. 비교하자면 같은 정복 왕조인 쿠빌라이 칸의 원나라가 중국을 지배한 기간은 1271년부터 1368년으로 100년이 채 안 됩니다. 청나라의 지배 기간이 얼마나 길었는지 짐작할 수 있습니다.

만주인이 등장한 배경으로는 베이징을 중심으로 한 극동경제권의 번영을 들 수 있습니다. 15세기에서 16세기는 대항해 시대라고 불리는데 조선 기술이 비약적으로 향상한 시대였습니다. 유럽은 물론 중국·아시아에서도 조선 산업이 활발히 이루어지면서 각지의 해상무역도 더불어 증가했습니다.

베이징의 외항인 톈진에서 바라볼 때 맞은편으로는 한반도, 그 안쪽으로는 일본이 있습니다.

일본은 무로마치·전국 시대에 감합무역으로 조선·중국과 밀접한 무역 네트워크를 형성하고 있었습니다.

조선·일본·중국의 세 나라를 연결하는 마디 같은 지역이 바로 만주입니다. 전쟁 전의 일본 관동군도 본거지를 만주에 두고, 이 지역의 전략적 성격을 중시했습니다. 그 때문에 16세기 이후, 필연적으로 만주에 물품·돈·사람이 모여들면서 활황을 띠었습니다. 만주인 세력은 이러한 유례없는 호경기에 힘입어 등장했습니다.

몽골인의 왕이 되다

몽골인과 한족(중국인)이 베이징 북방에서 오랜 세월에 걸쳐 격렬한 전쟁을 치르고 있던 상황도 만주인에게는 좋은 기회였습니다. 몽골인의 원나라가 붕괴한 후에도 몽골인들은 강한 세력을 과시하며 빈번히 만리장성을 넘어 중국을 침략, 한족의 명나라와 전쟁을 반복했습니다.

오랜 전쟁 끝에 몽골인과 한족은 양쪽 모두 피폐해졌습니다. 그 와중에 서두르지 않고 부국강병을 추진, 호시탐탐 시기만 엿본 민족이 만주인입니다.

몽골인들이 한족의 명나라를 약탈할 수 있었을 때는 내부가 단결되었기에 그 지도자도 강한 권력을 지녔습니다. 하지만 오랜 전쟁으로 군대나 백성도 피폐해졌고, 베이징 주변은 이미 약탈당해 더 이상 약탈할 게 없는 상황이 되니 몽골 지도자는 몽골인을 단결시키지 못했

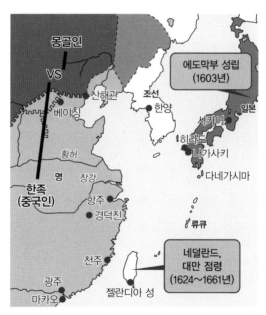

| 17세기 초, 극동경제권의 번영 |

습니다. 몽골인은 사분오열했고 끝내 공중분해 되었습니다.

약탈을 못 하고 빈궁해진 몽골인들에게 구원의 손길을 뻗친 것이 만주인이었습니다. 앞서 말했듯 만주인에게는 풍부한 경제력이 축적되어 있었습니다. 만주인은 재화를 지출, 가난해진 몽골인들을 자신의 군대에 받아들이기 시작합니다. 이렇게 만주인에 의해 주도된 대규모 군단 편성을 '팔기(八旗)'라고 일컫습니다. 팔기군은 만주인의 강력한 군단으로서 급성장했습니다.

팔기군에 속하면 몽골인들은 안정된 봉급을 받을 수 있었습니다. 팔기군의 인사 제도는 실력주의로 신분이나 혈연에 관계없이 공적을 세운 자가 인정받았습니다. 이는 혈연부족사회 속에서 폐쇄적인 상황에 놓여 있던 몽골인 실력자들에게 동기부여가 되어 만주인 군대에 자진 입대하도록 만들었습니다.

몽골인에게는 낡은 부족사회를 타파할 혁신적인 계기가 되었지요.

팔기군은 그 이름대로 여덟 군단으로 나뉘어 군단끼리 경쟁함으로써 사기를 높였습니다. 실력주의, 경쟁주의야말로 팔기군의 강력한 비결이었습니다.

만주인은 영리한 군단 편성으로 몽골인 세력을 흡수했고, 만주인 지도자는 강력한 권한을 갖고 몽골인들의 지도자가 되었기에 '칸'이라고 불리기도 했습니다. 칸은 몽골인 대왕을 일컫습니다. 만주인의 왕은 칭기즈칸, 쿠빌라이칸에 버금가는 몽골인의 대왕이 되었습니다.

만주인이 세운 청나라

몽골인을 복속시킨 만주인은 팔기군에 활약(약탈)할 기회를 충분히 제공합니다. 바로 중국정복입니다. 중국의 명나라는 내란이 발생해, 붕괴 직전이었습니다. 내란에 편승한 만주인은 베이징 점령에 이어 중국을 정복했고, 청나라를 세웁니다. 강력한 군사력을 가진 만주인에게는 중국을 군사적으로 정복하는 게 어렵지 않았습니다. 하지만 무력으로 밀어붙인 방식은 오래가지 못합니다.

그래서 청나라는 공평한 인재등용 제도를 시행했습니다. 만한병용제라고 불리는 인사 제도는 만주인과 한족(중국인)을 똑같은 비율로 등용하는 것으로 한족의 지식인을 널리 회유하기 위함이었습니다. 또한 청나라는 중국의 유교 문화를 존중했습니다. 청나라의 강희제, 옹정제, 건륭제의 3대에 걸친 현명한 황제의 존재도 빼놓을 수 없습니다.

끊임없이 이루어졌던 대외 침략도 국내의 결속을 확고히 하는데 효과적이었습니다. 청나라의 정복은 대만, 몽골, 투르크인 지역의 위글, 티베트, 베트남, 미얀마까지 뻗쳤습니다. 만주인의 청나라는 한족이나 몽골인을 중심으로 다양한 지역의 민족도 복속시켜 다민족 국가인 중국의 원형을 만들어냅니다.

무엇보다 중요한 청나라의 지배 특징은 세금 제도입니다. 250년이라는 긴 세월 동안 이민족인 만주인이 중국을 지배할 수 있었던 이유는 그 세제의 교묘한 배분이라고 말해도 과장이 아닙니다. 청나라는 '지정은(地丁銀)'이라고 불리는 세제를 시행했습니다. 이 지정은을 이해할 수 있도록 그 배경을 설명하겠습니다.

'존재하지 않는' 인구와 지정은

이전의 명나라에서 세제는 인두세·토지세가 주축을 이루었습니다. 인두세는 인간이 살아서 존재한다는 사실만으로 세금을 부과하는 것으로 평민·빈민에게도 가차 없이 과세되었습니다.

세금을 낼 수 없는 백성은 자신을 살아 있는 존재로 만들고 싶지 않아 호적을 제출하지 않았습니다. 법적으로 세상에 존재하지 않는 무호적자가 실제 인구의 70%나 되었다고 전해집니다. 호적에 정식으로 등록된 명나라 시대의 인구는 6천만 명인데, 실제로는 그 3배에서 4배의 인구가 존재했다고 여겨집니다.

명나라 조정도 중국 전역을 구석구석 관리할 수는 없기에 '존재 하지 않는' 인간들은 그냥 놔두었습니다. 당연히 명나라의 세금 징수는 정체되었고 만성적인 재정난에 시달렸습니다. 오늘날에도 동남아시아, 아프리카 등지에서 국가가 국민의 호적을 파악하지 못해 세금 징수에 힘들어하는 사례가 자주 나타나고 있습니다.

청나라 시대로 접어들면서 황제인 강희제가 1713년, 인구조사(盛世滋生人丁, 성세자생인정)를 실시했습니다. 하지만 인두세를 내길 기피했던 백성들은 어딘가에 숨어서 인구조사에 응하지 않았습니다. 통계인구에는 명나라와 마찬가지로 누락된 사람이 많았습니다.

그러자 강희제는 과감히 인두세 폐지를 선언했습니다. 이민족들의 왕조인 청나라의 입장에서는 어디에 얼마나 사람이 살고 있는지 정확한 인구 데이터를 파악하지 못하면 혹여 발생할지 모를 반란에 대응할 수 없기에 치명적이었습니다.

인두세 폐지의 선언으로 백성들은 인구 조사에 응하고, 호적을 취득합니다. 그 결과 18세기 후반의 청나라 때는 통계 인구가 3억 명이나 됩니다. 백성들은 인두세 폐지를 환영했고, 숨거나 도망갈 필요도 없이 정정당당히 살아갈 수 있기에 서민의 생활도 활기를 띠었습니다.

| 중국의 인구 동향 |

인두세 폐지로 인한 세수입 감소는 토지세로 대신 충당했습니다. 토지세는 풍족히 토지를 소유한 사람들만을 대상으로 거두었는데, 주로 한족(중국인) 호족에게서 징수했습니다. 토지소유자인 한족 호족은

이에 반발하지 않았습니다. 오히려 그들은 환영했습니다. 어떻게 된 걸까요.

청나라는 만주인의 이민족 왕조입니다. 강대한 군사력을 지닌 청나라에 제압당한 한족의 토지 소유자들은 자신의 토지가 몰수당할 것을 각오했습니다. 하지만 몰수는커녕 청나라는 토지의 소유권을 인정해주고 보장해주었습니다. 토지세는 그 보장에 대한 구체적인 증거입니다. 토지세 과세는 그 토지의 소유권을 인정해준다는 뜻이기도 합니다. 이 토지세는 한족 호족의 광활한 토지 소유를 인정해주는 관대한 공존 정책이었기에, 소유권을 보장받은 한족 호족은 크게 반겼습니다. 물론 토지가 없는 평민은 세금을 면제받을 수 있기에, 마찬가지로 이 세금 제도를 반겼습니다. 강희제의 시대에 이미 이러한 세제의 틀이 정해졌고, 아들인 옹정제 시대에는 이 세금 제도가 '지정은'이라고 불리면서 본격적으로 가동됩니다.

지정은은 정복왕조만이 해낼 수 있는 통치 시스템으로 한족 호족 등 부유 계급으로부터 환영받았고, 평민 계급도 반기는 절묘한 정치적 균형의 토대 위에 성립된 것이었습니다. 청나라는 이 지정은을 통치의 근간으로 삼아 장기적이고 안정적인 권력 구조를 구축했습니다.

관제묘와 산서상인

청나라 때 산서성(황허 하류 지역) 출신의 상인들이 활약했는데, 주로 금융업에서 성공했습니다. 삼국지의 영웅인 관우의 출신지가 산서성이었기에, 산서상인들은 그를 숭배해 각지에 관우의 위패를 모신 사당인 관제묘를 세웠습니다. 그 후 아시아 각국에서 산서상인의 네트워크가 확대되면서 해외에도 관제묘가 세워졌습니다. 오늘날 아시아 각국에는 관제묘가 많이 존재하고 있습니다.

대항해 시대

지중해를 벗어나 새로운 시장으로

중세 말기부터 유럽에 시장 확대의 파도가 대규모로 두 차례 밀려옵니다. 제1의 파도는 14세기의 르네상스 시대, 지중해를 무대로 동방지역으로의 시장 확대입니다. 제2의 파도는 15세기의 대항해 시대, 대서양을 무대로 아시아, 신대륙으로의 시장 확대입니다.

제1의 파도 시대에 십자군 원정으로 동방무역(레반트 무역)의 제반사정이 유럽에 전해짐으로써 교역이 확대됩니다. 향신료 거래 등으로 유럽에 부가 축적되고 지중해 한 가운데 위치한 이탈리아를 중심으로 눈부신 문화가 형성됩니다. 이를 르네상스라고 부릅니다.

중세 시대까지는 종교적 속박이 많아 이교도가 살고 있는 타민족과의 접촉에 소극적이었던 유럽은 세계 시장의 가능성에 눈을 뜨고 항해 기술, 조선 기술을 비약적으로 발전시킵니다. 그리고 15세기에는 미지의 대서양에 뛰어 들어 글로벌 시장을 형성해나갑니다. 이를 대항해 시대라고 부릅니다. 대서양 연안에 위치한 포르투갈, 스페인이 원양항해에 나섭니다. 포르투갈은 주로 아시아 방면으로, 스페인은 주로 신대륙 방면으로 향합니다.

대항해 시대의 도래는 유럽에 커다란 변화를 가져옵니다. 하나는 상업혁명입니다.

이는 종래의 지중해가 무대인 제한된 시장권이 대서양을 거쳐 아시아, 신대륙을 향해 글로벌한 시장권이 갖추어지는 변화를 가리킵니다.

또 하나는 가격혁명입니다. 신대륙에서 대량의 은이 유럽에 전해지면서 은에 의한 화폐경제가 눈에 띄게 발전합니다. 이에 따라 유럽의 경제 규모가 비약적으로 확대되고 물품의 가격도 상승(인플레)하면서 이른바 고도 성장을 이룹니다. 이러한 상황 속에서 새롭게 등장한 계층이 신흥 부르주아라는 비즈니스맨들입니다. 반면에 기사·귀족 등 제후 세력은 격동하는 시장 경제의 흐름에서 도태되어 중세 봉건 시대의 유물이 됩니다. 가격혁명은 중세의 사회구조를 끝내게 만들었고 화폐경제, 시장경제라는 새로운 시대를 등장시켰습니다.

포르투갈, 거품 경제에 열광하다

대항해 시대의 주역은 포르투갈입니다. 포르투갈의 리스본 항은 대서양에 면해 있습니다. 포르투갈은 이러한 지리적 우위성을 빼놓고는 다른 강점이 없었습니다. 중세 시대 이후 포르투갈은 이슬람 세력과의 전쟁터가 되어 국내는 피폐했습니다. 가난한 포르투갈에 자금을 투자해 구제한 사람은 이탈리아와 독일의 도시 제후와 부자 상인들이었습니다.

14세기 이후의 르네상스 번영기 덕분에 이탈리아, 독일의 도시는 경제적 잉여가 축적되어 있었습니다. 지중해 무역으로 아시아의 향신료를 고가로 거래하며 성공한 이탈리아·독일은 지중해 이외의 새로운 교역 루트를 개발해, 대서양 경유로 직접 아시아와 거래를 트려고 했습니다. 그래서 그들은 포르투갈에 막대한 투자를 해서 조선 산업을 크게 일으켰고, 포르투갈 국왕을 설득해 포르투갈 사람들이 신항로 개척에 나서도록 독려했습니다. 포르투갈로서도 신항로 개척이 가능한지의 여부에 국가 운명이 달려 있었습니다.

당시 유럽인들이 원했던 것은 아시아에서 생산되는 후추 같은 향신료였습니다. 식당에 가면 흔히 테이블 위에 놓여 있는 그 후추입니다. 당시의 유럽인들은 이를 신기하게 여겼고 비싼 값을 매겼습니다. 후추값에 거품이 생기면서 후추는 같은 중량의 금과 교환되기도 했습니다. 유럽은 비싼 후추를 찾아 아시아·인도를 겨냥했습니다.

포르투갈의 탐험가 '바르톨로메우 디아스'는 아프리카 남단의 희망봉에 도착했습니다. 희망봉은 인도양 입구에 해당합니다. 마찬가지로 포르투갈인 '바스코 다 가마'는 1498년, 인도의 캘리컷에 도착했고, 그 후 군비를 갖춰 4년 후인 1502년에 캘리컷을 점령함으로써 인도 진출의 교두보를 마련했습니다. 희망봉에서 인도 서해안까지 안정적으로 상선을 왕복시키려면 아라비아 반도, 이란 등의 중동연안 지역의 항만을 확보해 물이나 식량의 보급기지로 삼아야만 합니다. 당시 이들 지역을 지배하던 나라는 이집트에 본거지를 둔 맘루크 왕조(본서 143쪽 참조)였습니다. 포르투갈은 맘루크 왕조와 인도양에서 격돌합니다. 그리고 1509년, 디우 해전에서 맘루크 왕조의 함대를 격파하고 인도양 전역을 제패합니다.

포르투갈은 1510년에 인도의 '고아'를 점령, 20세기에 이를 때까지 포르투갈의 아시아 경영의 본거지로 삼습니다. 1511년, 인도에서 더욱 동쪽으로 진격해서 말라카를 점령, 남지나해로 진출합니다.

포르투갈은 인도네시아의 암보이나, 몰루카 제도를 정복합니다. 몰

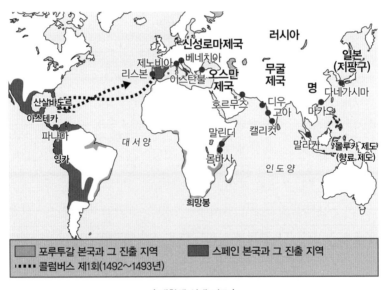

| 대항해 시대 지도 |

루카 제도에서는 후추가 많이 생산되고 있었습니다. 포르투갈은 몰루카 제도를 인도에 이어 중요한 식민지로서 인식했고, 점령한 후에 향료 제도라고 명명했습니다.

그 후 포르투갈은 남지나해를 북상해 중국의 마카오를 점령했고 1999년까지 마카오를 지배합니다. 포르투갈은 더욱 북쪽으로 올라가 일본에도 도달했습니다. 다네가시마에 철포(조총)가 전해진 시기도 이때입니다. 역사상 유럽과 일본이 처음 만나는 순간이기도 했습니다.

포르투갈은 인도, 향료 제도에서 획득한 막대한 양의 후추를 유럽에 갖고 돌아왔습니다. 하지만 대량으로 유통시키는 바람에 후추는 희소성을 잃고 가격이 급속히 떨어졌습니다. 어차피 후추는 후추일 뿐입니다. 거기에 비싼 값이 매겨진다는 것 자체가 실체가 없는 거품이지요. 후추를 수입할수록 후추 가격은 내려갔고 어찌 해볼 도리가 없는 상황이 되었습니다.

후추 거품이 붕괴하자, 막대한 자금을 투자해 세계 각지에 항만을 건설하고 향신료 무역을 했던 포르투갈의 이익은 눈에 띄게 감소했습니다. 포르투갈에 자금을 빌려주었던 이탈리아, 독일의 부유층도 자금 부족에 시달려 급히 자금을 회수하는 형편이었습니다. 포르투갈은 파탄(디폴트) 나게 되면서, 이웃 나라인 스페인에 병합되었습니다.

스페인, 금은재화의 발견

유명한 콜럼버스도 이 시대의 탐험가입니다. 제노바 출생의 이탈리아인 콜럼버스는 포르투갈 국왕에게 자신의 이론을 내세우면서 자신의 후원자가 되어줄 것을 청원합니다. 콜럼버스를 비롯해 많은 지식인들이 지구는 둥글기에 서쪽으로 돌아나가면 인도에 도착할 수 있다는 '지구 구체설'을 주장했지만 그때까지만 해도 확증이 없었습니다. 대서양 너머로 어떤 세계가 펼쳐질지 아무도 몰랐고 추측만 무성했지요.

항해선을 건조하고 탐험대를 조직하려면 막대한 비용이 듭니다. 확증도 없이 콜럼버스의 주장에 자금을 투자한다면 리스크가 너무 크기에 포르투갈 국왕은 콜럼버스를 지원하지 않았습니다. 그러한 위험을 굳이 무릅쓰지 않아도 동쪽으로 돌아가는 인도 항로를 개척하면 확실히 인도에 도착할 수 있었습니다. 또한 포르투갈은 이탈리아·독일의 부유층 제후들로부터 자금 원조를 받고 있었기에 고객이 투자한 돈을 리스크가 동반되는 곳에 함부로 쓸 수 없었습니다.

포르투갈에 거절당한 콜럼버스는 스페인으로 방향을 틉니다. 스페인은 국가 재정이 풍부했지만 신항로 개척은 포르투갈보다 뒤처져 있었습니다. 스페인이 포르투갈을 따라 잡으려면 역전극을 펼칠 필요가 있었습니다. 스페인은 콜럼버스의 '기발한 아이디어'에 모험을 걸기로 했습니다.

콜럼버스는 대서양을 넘어 아메리카 대륙 동쪽의 작은 군도에 도착했습니다. 콜럼버스는 그곳을 인도라고 착각했습니다. 그 후 탐험가 '아메리고 베스푸치'에 의해 그 지역이 인도가 아닌 새로운 지역임이 판명되고 그의 이름을 따서 아메리카라고 명명되었습니다. 서쪽으로 돌아 인도에 도착하겠다는 콜럼버스의 계획은 실패했지만 스페인의 입장에서는 신대륙의 발견이라는 뜻하지 않은 보상이 있었습니다.

그 후, 스페인은 아메리카 대륙의 동해안을 빈틈없이 조사합니다. 북쪽은 캐나다에서 남쪽으로는 아르헨티나까지 조사했지만 정글이나 황량한 대지만 있을 뿐 진귀한 농산물이나 금은광산도 없어 이익이 될 만한 것을 찾기가 쉽지 않았습니다.

포기 직전이었던 스페인에 기쁜 소식이 날아들었습니다. 1513년, 탐험가인 발보아가 파나마 지협을 발견한 것입니다. 지협을 넘으면 신대륙 서해안으로 들어갈 수 있습니다. 스페인은 신대륙 동해안에는 아무 것도 없었지만, 서해안에는 무언가 있을지도 모른다며 기대에 부풀었습니다. 스페인은 멕시코에서는 '아스테카 왕국'을, 페루에서는 '잉카 제국'을 발견했는데 금은보화가 산더미처럼 쌓여 있어 미친 듯이 좋아했습니다. 스페인의 제독인 '코르테스'와 '피사로'는 아스테카, 잉카를 차례로 정복했고, 대량의 금은을 손에 넣은 스페인은 유럽 최강의 나라로 발돋움합니다.

스페인의 원조로 탐험가 마젤란이 세계 일주에 도전합니다. 마젤란은 남아메리카 대륙 남단의 해협을 통과해 태평양으로 나와 '필리핀의 세부 섬'에 도착합니다. 마젤란은 현지의 부족장에게 죽임을 당하지만 그 부하들은 성공리에 세계 일주를 마치고 스페인에 귀환했습니다.

마젤란 일행의 귀환으로 필리핀의 존재가 알려졌고, 스페인은 해군을 파견해 필리핀을 정복합니다. 황태자인 펠리페의 이름을 따서 필리핀이라고 명명되었습니다. 펠리페가 스페인의 국왕 펠리페 2세가 되면서 스페인 왕국은 전성기를 맞이합니다. 펠리페 2세는 1571년, 마닐라를 건설하고 태평양의 거점으로 삼습니다.

이 시기에 스페인은 멕시코에서 은광산을 발견해 거기서 획득한 멕시코산 은을 필리핀의 마닐라로 가져와 중국 상인과 거래하며, 중국의 귀중한 도자기, 견직물과 교환했습니다. 은을 구하려는 중국 상인들이 마닐라에 쇄도하면서 마닐라는 스페인과 중국을 잇는 중계무역의 거점이 되었습니다.

이렇듯 스페인은 세계적 규모의 교역을 지배하면서 '태양이 지지 않는 나라'라고 자칭하기에 이릅니다. 강력해진 스페인은 앞서 언급한 대로(본서 161쪽 참조) 1580년에 포르투갈을 병합합니다. 포르투갈은 교역품을 향신료로 특정했기에 후추 거품이 빠지자 어이없이 파탄(디폴트)을 맞이했습니다. 한편 스페인은 금은, 신대륙의 농산품, 중국의 견직물 등 교역품이 다양해서 위험 분산(hedge, 헤지)이 가능했지요. 가령, 하나의 교역품이 값이 떨어져도 그것을 보완하는 다른 대체상품이 풍부했기에 강력한 교역 시스템이 구축되었습니다.

윌리엄 맥닐과 제러드 다이아몬드 ────────────────

역사서 베스트셀러 작가로 유명한 윌리엄 맥닐과 제러드 다이아몬드는 대항해 시대에 스페인 사람들이 아스테카 왕국, 잉카 제국을 정복할 수 있었던 것은 병원균에 의해서였다는 공통의 의견을 제시하고 있습니다. 스페인 사람들이 가져온 전염성 병원균이 면역이 없는 현지인에게 퍼져, 그들의 국가를 붕괴시켰다고 설명합니다.

4장
종교 개혁,
합스부르크 가문

종교 맹신의 함정

서유럽에서 로마 가톨릭의 권위가 정착되면서, 사람들은 가톨릭의 교의를 토대로 기독교를 믿었습니다. 오랜 시대를 거치는 동안 가톨릭 교회는 매너리즘에 빠져 부패하고 있었습니다.

금권주의가 팽배하고, 로마 교황의 선출도 신앙이나 실적보다 돈이 좌우할 정도였습니다.

종교개혁 당시의 로마 교황은 레오 10세로, 피렌체의 메디치 가문 출신이었습니다. 그는 메디치 가문을 이끌던 로렌초 데 메디치의 차남으로 유럽에서 손꼽는 부자였습니다. 돈의 힘으로 교황에 선출된 전형적인 인물이지요.

로마 시내에 있는 교황의 공적인 집무실인 바티칸 구내에는 가톨릭의 총본산인 산피에트로 대성당이 있습니다. 그 옆에 미켈란젤로의 유명한 벽화 '최후의 심판'이 그려진 시스티나 예배당이 있습니다. 당시에는 산피에트로 대성당의 대규모 개축공사를 진행하고 있었는데 자금이 부족했습니다. 로마 교회는 자금을 충당하려고 면죄부를 판매하기 시작했습니다. 면죄부의 판매 가격을 현재의 환율로 따져보면 거의 10만~500만 원 정도였는데, 살인의 경우는 500만 원, 사기는 300만 원, 절도는 200만 원 같은 식으로 가격이 매겨졌습니다. 로마 교회가 판매하는 면죄부를 사면 죄가 사라지고 천국에 갈 수 있다고 믿었습니다. 바보 같다고 생각할지 모르지만 당시의 유럽에서는 로마 가톨릭이 절대적이라 모두가 맹신했고, 추호도 의심하지 않았습니다. 어떤 의미에서는 종교의 무서움을 알려주는 역사적 사실이지요.

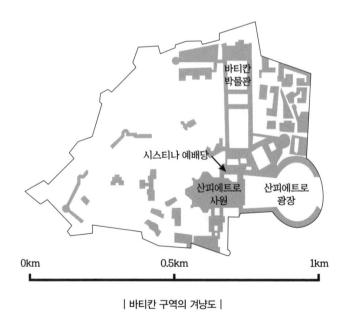

| 바티칸 구역의 겨냥도 |

그와 같은 맹신에 이의를 부르짖은 사람이 독일인 마르틴 루터입니다. 루터는 독일의 중동 지역에 위치한 비텐베르크 대학의 신학과 교수였습니다. 루터는 1517년, '95개 조항'이라는 로마 교회에 대한 질문서를 발표했습니다. 루터의 '95개 조항'은 당시 갓 발명된 인쇄기로 대량 인쇄되어 유럽 각 지역에 뿌려졌습니다.

로마 교회는 이에 대처하려고 여러 수단을 통해 루터를 공갈·협박했습니다. 루터는 굽히지 않고 로마 교회에 대한 비판의 강도를 더욱 높였습니다. 루터가 시작한 종교개혁의 운동은 애초 종교 교의에 대한 논쟁이었지만 점차 정치적인 색채를 띠게 되었습니다.

당시의 신성로마 황제인 칼 5세는 루터의 행위를 반역이라고 간주, 그 영향이 확산되는 것을 경계했습니다. 그래서 1521년, 제국회의에 루터를 증인 소환해 비판했습니다. 이 문제에 황제가 나섬으로써 나중에 독일 제후들을 본격적으로 개입시키는 사태로 발전합니다.

당시 독일의 제후들은 황제가 강한 권력을 쥐고 제후를 제압할지도 모른다며 경계했습니다. 양측은 대립하고 있었습니다. 제후의 대표격인 작센 지역의 제후 프리드리히는 루터를 보호, 황제 칼 5세와 직접 대결하겠다는 의지를 표명합니다. 독일 제후들은 루터파를 자칭하며 슈말칼덴 동맹을 결성해 가톨릭파인 황제에 대항했습니다. 칼 5세 황제는 이참에 제후들을 모조리 쓸어버리고 독일의 패권을 거머쥐려고 했습니다. 제후 세력과 황제는 이따금 군사 충돌을 했지만, 최종적 결말을 보지 못한 채, 칼 5세는 그들의 존재를 인정하고 양보할 수밖에 없었습니다. 이후 독일 제후들은 루터파 신앙을 자신들의 영내에 거주하는 사람들에게 강요했고, 가톨릭 교회의 입김이 닿은 가톨릭파 세력을 배제했습니다.

이처럼 각 제후가 영내의 교회에 관한 모든 것을 통제한 정치적 지배를 영방교회제(領邦敎會制)라고 합니다. 가톨릭파인 황제는 독일의 지배에서 멀어지고, 대신 제후 세력이 우위에 서면서 독일은 하나로 뭉쳐지지 못하고 각 제후들의 독립된 상태가 19세기 후반까지 이어집니다.

칼뱅파의 확산

루터의 종교개혁 운동은 유럽 각지에서 개혁을 꿈꾸는 사람들에게도 이어집니다.

프랑스인 칼뱅은 가톨릭 신앙이 투철한 모국 프랑스에서는 정작 환영받지 못했지만, 스위스는 루터의 영향을 받아 종교개혁에 열정을 보이는 도시가 몇 곳 있었기에, 칼뱅은 스위스 제네바에 초청받아 종교개혁을 실천했습니다. 칼뱅의 개혁이 사람들의 지지를 얻으면서 그에게 제네바의 정치적 권한이 주어졌고 사실상 제네바의 지배자로서 군림했습니다.

여기서 잠깐 짚고 넘어가겠습니다. 로마 가톨릭은 '구교'라고 부르는 데 비해 루터파 혹은 칼뱅파는 '신교'라고 부릅니다. 또한 신교는 프로테스탄트라고도 부릅니다. 프로테스탄트는 '항의'라는 의미의 라틴어 '프로테스토리'에서 비롯되었습니다.

루터는 저서인《그리스도인의 자유에 대하여》에서 개인의 신앙을 중시하고, 교회 같은 조직보다는 신과 직접 대면하는 개인의 내면세계를 강조했습니다. 한편 칼뱅은 제네바에서 신권정치를 행하는 지배자로서 조직과 집단의 존재를 중시했습니다. 그는 거대한 칼뱅 교단을 이끄는 경영자이기도 했습니다. 거대한 조직을 운영하려면 거액의 자금이 필요합니다. 칼뱅은 자금의 공급원을 당시에 태동하고 있던 부르주아 계급에 의지했습니다. 부르주아는 상공업에 종사하는 시민들로, 그들은 이 시대의 경제발전에 힘입어 막대한 힘을 갖추기 시작했습니다. 칼뱅은 부르주아 상공업자가 거두어들이는 막대한 이익에 주목했고, 부르주아 세력을 교단에 끌어들이려고 했습니다.

칼뱅은 부르주아 상공업자를 대상으로 종래의 기독교 교의와는 다른 새로운 교의를 만들었습니다. 종래의 교의에서 주장한 가치관은 돈을 모아 이익을 추구하는 것이 속된 것이었습니다. 이에 비해 칼뱅은 모든 직업은 신으로부터 주어진 것으로, 그에 합당한 정성을 기울여 얻는 이익은 신의 은혜라며 이익의 추구를 인정했습니다.

칼뱅은 '이윤 추구, 재산 축적의 긍정'을 주장하고, 부르주아 자본주의를 종교적 입장에서 옹호했습니다. 근대자본주의가 발전하면서 부르주아 계급의 은행가, 상공업자들은 부와 이윤추구를 긍정하는 교리 해석이 필요했고, 칼뱅은 이에 호응해 부르주아의 지지를 얻어냈던 것입니다.

이렇게 칼뱅파는 스위스뿐 아니라 네덜란드, 벨기에, 프랑스, 영국 등지로 급속히 확산됩니다.

합스부르크 가문의 행운

합스부르크 가문은 10세기 무렵, 라인강 상류의 독일 남부인 현재의 스위스에서 비롯된 귀족입니다. 라인강과 도나우강의 접점이 되는 지역 일대를 영토로 삼았는데, 뱃길의 이점을 살린 활발한 교역으로 부를 축적했습니다.

13세기에는 오스트리아의 빈을 본거지로 독일 남부 전역으로 영토를 확대합니다. 신성로마의 황제 자리에 야심을 품었기에, 풍부한 재력으로 독일 제후들을 회유해 황제로 선출됩니다.

15세기에는 합스부르크 가문의 제위 세습이 인정되면서, 신성로마제국이 19세기에 나폴레옹에게 해체되기 전까지 합스부르크 가문에 의해 세습됩니다.

합스부르크 가문이 제위를 세습한지 얼마 되지 않았을 때, 황제인 막시밀리안 1세는 부르고뉴 공의 딸과 결혼합니다. 부르고뉴 공은 프랑스 귀족으로 프랑스 동북에서 네덜란드까지를 영지로 삼고 있었습니다. 부르고뉴 공의 자식 중에 남자가 없었기에 막시밀리안 1세는 부르고뉴 공의 영지인 네덜란드를 물려받습니다. 손쉽게 드넓고 풍부한 영토를 갖게 된 것은 합스부르크 가문에게 큰 행운이었습니다.

막시밀리안 1세의 아들인 필립은 스페인 왕녀 후아나와 결혼했기에 손주인 칼 5세는 스페인의 피가 절반은 섞였습니다. 스페인 국왕은 뒤를 이을 아들이 없었기에 칼 5세가 스페인을 물려받습니다.

따라서 신성로마 황제 칼 5세는 동시에 스페인 국왕 카를로스 1세이기도 합니다. 혼인관계로 인한 상속으로 뜻하지 않았던 행운이 두

번이나 찾아온 것입니다. 합스부르크 가문은 칼 5세의 시대에 오스트리아, 독일, 네덜란드, 벨기에, 스페인에 걸쳐 광활한 영토를 소유한 대제국이 되었습니다.

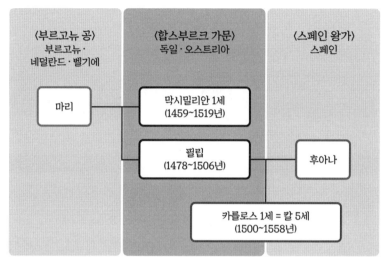

| 합스부르크 가문 혼인 관계 |

합스부르크 제국은 칼 5세 시대에 전성기를 맞이하지만, 그가 죽고 난 후에 영토가 둘로 갈라집니다.

칼 5세는 남동생인 페르디난트 1세에게 신성로마의 황제 자리, 오스트리아·독일을 물려주었습니다. 이를 오스트리아계 합스부르크라고 말합니다. 칼 5세는 아들인 펠리페 2세에게는 스페인, 네덜란드를 물려주었습니다. 이를 스페인계 합스부르크라고 합니다.

대항해 시대를 맞이해 대서양 연안에 위치한 스페인의 발전은 눈부

셨고 그 위용을 뽐냈지만, 1588년에 스페인 무적함대(아르마다)가 영국 해군에 패배하면서 제해권을 빼앗기고 국력이 쇠퇴합니다. 오스트리아계도 1618년에 시작된 30년 전쟁에서 프랑스에 패배한 후 쇠퇴합니다.

| 칼 5세 이후의 합스부르크 |

막스 베버 ────────────────────────────

20세기의 사상가인 막스 베버는 저서 《프로테스탄티즘의 윤리와 자본주의 정신》에서 칼뱅이 '이윤 추구, 재산 축적의 긍정'을 제창, 부르주아의 경제활동을 종교적 입장에서 옹호함으로써 근대자본주의의 정신적 기반이 형성되었다고 썼습니다. 칼뱅은 모든 직업이 존중받아 마땅하다고 주장하며 그 일에 정성껏 매진해서 얻어지는 이익은 신으로부터의 은혜라고 말했습니다.

종래에는 기피되었던 이자 취득을 주된 사업 내용으로 삼는 은행업 등이 칼뱅 이후 공적인 기업으로서 인식되고 근대적인 금융자본이 발전합니다.

──

영국·프랑스의
절대왕정

영국 왕권의 확대

　백년 전쟁의 기간 동안, 영국 국내만큼은 전쟁터가 되지 않고 플란넬을 비롯해 모직물 생산에 관한 자본과 기술 이전이 이루어지면서 영국 경제는 비약적으로 발전했습니다. 대항해 시대의 해운업의 발달과 더불어 국력도 크게 향상됩니다.

　그 시대에 출현한 부르주아 세력은 산업 인프라가 정비되기를 원하기에 강력한 정치 권력을 지원했고, 이에 절대왕정이 탄생합니다. 비즈니스맨에 해당하는 부르주아는 강력한 왕권이 국내시장을 통일시켜주길 원했으며 또한 무역부, 통산부 등의 관료 기구가 자신들의 경제활동을 지원하고, 보장해주길 원했습니다. 왕권의 손발이 되어주는 관료기구를 지원하는 재정은 신흥 부르주아가 지출했으며 왕이나 관료는 중상주의 정책을 펼쳐 부르주아 비즈니스를 보호하고 육성하는 상호 의존의 관계가 형성됩니다.

백년 전쟁 후, 영국에서는 모직물 산업이 대성공을 이루고 거대한 자본이 축적되면서 자본가 계급인 부르주아가 출현했습니다. 절대주의 왕권은 부르주아에게서 재정적 지원을 받고, 부르주아가 원하는 자본주의적인 사회를 구축하고, 정비합니다. 봉건사회에서는 권력을 유지해온 제후 세력과 그 지배를 부르주아가 해체시키고, 자본주의적 발전의 외형적인 틀인 국민경제와 국민국가의 형성을 꾀합니다. 즉 영국과 영국인이라는 개념이 강해지고, 그들이 집합체로 결속해 집권적이고 효율적인 국가 운영을 추진합니다. 부르주아인 중산 계급은 여전히 독자적으로 권력을 장악할 수 있는 힘이 부족해 왕권에 의존하면서 자신들의 이익을 확보해야만 했습니다.

튜더 왕조를 창시한 헨리 7세는 성실청(星室廳)이라는 재판소를 만들어, 왕권에 반대하는 제후·귀족을 탄압하고 튜더 왕조의 절대주의 기반을 구축했습니다.

이어서 헨리 8세는 1534년, 수장령(首長令)으로 영국 국교회를 창설합니다. 영국은 원래 가톨릭 국가로 교황이나 황제의 간섭을 받았습니다. 당시 유럽 본토에서는 루터가 종교개혁을 제창하면서 가톨릭 권위가 쇠퇴하고 있었는데, 헨리 8세는 그 기회를 놓치지 않고 구교도 신교도 아닌 영국만의 독자적인 국교회를 만든 후 스스로 그 수장에 앉음으로써 국왕의 권위를 높이려고 했습니다. 또한 국교회는 칼뱅파

교의를 받아들였습니다. 이 시대의 영국은 모직물 산업으로 경제가 급성장하면서 상공업자인 부르주아 세력이 눈에 띠게 부상할 때였습니다. 왕정은 중앙집권을 추진할 때 관료기구, 군사기구도 함께 정비해야 합니다. 이들 기구를 재정적으로 지원한 세력은 재력이 풍부한 부르주아 세력이었고, 왕정을 유지하려면 그들의 지지는 필수였습니다.

영국에서도 부르주아 세력의 대부분은 영리 추구와 재산 축적을 긍정하는 칼뱅파였습니다.

헨리 8세는 영국 국교회에 칼뱅파 교의를 답습시켜 부르주아 세력의 지지를 얻음으로써 보다 많은 재정을 확보하려고 했습니다.

국왕 권력 중심의 절대주의를 추진하려면 이에 저항하는 귀족, 지주 등 제후 세력을 복종시켜야만 합니다(본서 176쪽 도표 참조). 그 수단으로 수장령이 시행되었습니다. 대부분의 제후는 보수적이고 신앙심 깊은 가톨릭 교도로 로마 교황의 영향 아래 있었고, 영국 국왕에게는 복종하지 않았습니다. 수장령에는 영국 국교회로 개종하지 않는 제후처럼 가톨릭 교도를 배척한다는 조항이 포함되어 있었습니다. 이에 따라 헨리 8세는 가톨릭파의 제후를 탄압하고 반대자를 처형시키면서 왕권의 강화를 노렸습니다.

왕권으로 봉건영주 계급인 제후들이 해체되자, 새롭게 토지를 사들여 영주권(領主權)마저 구입한 신흥지주가 탄생했습니다. 그들은 양의 방목지를 경영하면서 양털 원료를 공급함으로써 국가가 추진하는 모직물 공업의 발전에 크게 기여합니다. 또한 농촌 각지에서는 양털을 제품화하는 공장이 왕권의 지원으로 설립되고, 지방경제를 성장시킵니다.

이렇게 헨리 8세 시대에 왕권은 부농, 농촌공업생산자, 도시의 상공업자를 지지 기반으로 절대주의를 확립시킵니다.

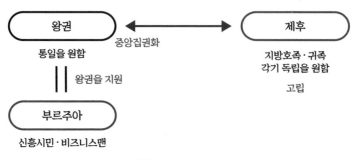

| 왕권 강화의 구조 |

헨리 8세의 대외 정책은 가톨릭교 나라인 스페인계 합스부르크와 대치하는 것이었습니다.

대항해 시대를 배경으로 해외 시장에 진출 경쟁이 심해지면서, 영국은 스페인계 합스부르크에 대항해 신대륙 개척에 의욕을 보이기 시작했습니다. 영국 국교회를 표방하는 수장령은 가톨릭교 나라인 스페인에 대항하는 한편 국내를 통솔하기 위해 마음대로 써먹기 좋은 수단이었습니다. 하지만 헨리 8세의 의도에 맞서 국내 제후들인 보수 가톨릭 세력은 서서히 힘을 재정비함으로써 저항이 거세졌습니다. 이대로는 큰 반란으로 이어질지도 모르는 정세였습니다. 국내가 이렇게 혼란스러운데 누가 봐도 스페인과 싸울 상황은 아니었습니다. 헨리 8세는 수장령을 통해 영국 국교회를 수립하고 보수 가톨릭 세력인 대부분의 제후들을 봉쇄하려고 했지만, 성공하지는 못했습니다.

메리 1세 · 엘리자베스 1세의 균형 감각

헨리 8세의 딸인 여왕 메리 1세는 열렬한 가톨릭 신봉자로 가톨릭을 부활시킵니다.

게다가 자신과 마찬가지로 가톨릭 신봉자인 스페인 펠리페 2세와 결혼합니다. 이렇듯 다시 구교로 돌아가려는 움직임에 반대하는 사람이 많았는데, 메리 1세는 그들을 처형시킴으로써 '피의 여왕(Bloody Mary)'이라고 불립니다. 이처럼 메리 1세는 잔혹한 여왕이라는 이미지로 알려져 있지만 그녀가 취한 실제적인 정책은 공존공영이었습니다. 부친인 헨리 8세는 수장령으로 가톨릭 신자인 보수적 성향의 제후들을 탄압했습니다. 국내에서는 보수적 귀족들의 반란이 당장이라도 일

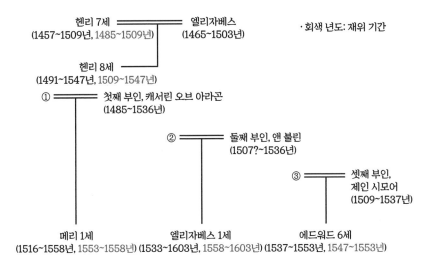

| 튜더 왕조 가계도 |

어날 상황이었고, 그들은 가톨릭 국가인 스페인과도 결탁하고 있었습니다. 메리 1세는 가톨릭을 부활시킴으로서 대내적으로는 국내 제후들을 안정시킬 수 있었고, 대외적으로는 스페인과 협조할 수 있었습니다.

당시 영국 왕실은 내란, 대외 전쟁에 대처할 수 있는 여유 따위가 없었습니다. 메리 1세의 가톨릭 부활 정책은 현실을 꿰뚫어본 협조정책이라는 측면에서 높이 평가할 수 있습니다. 하지만 대외 정책의 측면에서는 스페인과의 협조로 인해 독자적인 정책을 펼칠 수 없었기에 영국으로서는 이익이 되지 않았습니다.

메리 1세와는 배다른 자매인 엘리자베스 1세는 1559년, 통일령을 제정해서 영국 국교회를 부활시킵니다. 헨리 8세의 수장령과 엘리자베스 1세의 통일령은 둘 다 구교도 신교도 아닌 영국의 독자적인 국교회를 확립시키려는 방향성은 똑같지만 그 내용은 꽤 차이가 납니다.

수장령은 가톨릭을 인정하지 않는다는 이단배척조항이 중심입니다. 가톨릭 보수층인 제후들을 배척하기 위해서였지요. 때문에 국내가 혼란에 빠지자 엘리자베스 1세는 이단배척조항을 통일령 안에 넣지 않았습니다. 영국 국교회를 제창하지만 가톨릭 세력도 배척하지 않겠다는 타협안을 취한 것입니다. 엘리자베스 1세는 우선적으로 국내의 안정을 중시했습니다. 종교 문제로 국내가 분열되는 사태를 막으려고 했습니다. 국내의 분열을 막은 후, 엘리자베스 1세의 다음 계획은 스페인을 공격하는 것이었습니다.

1588년, 아르마다 해전에서 스페인 무적함대를 이기고 제해권을 빼앗아 해상무역·해외 식민지 확보에 나섭니다. 이로써 해외 진출에서 스페인에 한발 뒤져 있던 영국이 역전 승리하는 계기가 됩니다.

엘리자베스 1세는 스페인을 제압함으로써 왕으로서의 권력이 강력해졌고, 권위도 크게 높아졌습니다. 이후 보수적 성향의 제후들은 엘리자베스 1세에 순종하며 자발적으로 가톨릭을 버리고 영국 국교회로 개종했습니다. 영국 국교회로 인해 통제된 영국의 절대왕정은 엘리자베스 1세 시대에 정점에 달했고, 영국은 세계 강국으로 도약합니다.

프랑스의 절대왕정

프랑스는 영국보다 100년이나 늦게 절대왕정의 중앙집권화가 이루어집니다.

영국과 마찬가지로 중세 이후의 봉건 제후들이 각지에 할거하면서 국왕과 대립하고 있었습니다. 그들은 국왕에 의한 통일을 원하지 않았습니다.

한편, 국내 시장이 통일되길 바라며 국왕의 중앙집권화를 재정적으로 지원한 세력은 신흥 부르주아였습니다. 이에 봉건 계급을 제거하고 부르주아 계급이 진출한 계기가 된 것이 위그노 전쟁입니다. 위그노는 칼뱅파 신교를 일컫는데 부르주아 상공업자들이 이를 신봉했습니다. 당시 프랑스는 발루아 왕조 시대였는데 가톨릭(구교)을 믿는 입장이라 위그노 신도들을 탄압했습니다. 위그노 신도들은 탄압에 저항했고 위그노 전쟁으로 비화되었습니다. 이 전쟁에서 위그노 신도인 귀족 앙리 4세는 위그노 신도들을 이끌고 발루아 왕조에 승리했습니다.

앙리 4세는 부르봉 왕조를 세우고 위그노·부르주아의 지지에 힘입어 중앙집권화를 추진합니다. 비록 위그노·부르주아의 연합으로 국왕이 된 앙리 4세이지만, 프랑스 국민의 대다수는 가톨릭이기에 그 점을 고려해 그 자신 역시 위그노에서 가톨릭으로 개종합니다. 한편 1598년, 낭트 칙령을 공포해 위그노·칼뱅파의 신앙의 자유를 인정하고 신교와 구교의 균형을 취하는 정책을 펼칩니다. 앙리 4세는 국내를 안정시켰고 이어서 루이 13세, 루이 14세는 국외로 진출합니다.

프랑스의 부르봉 가문의 외교 방침은 '반(反) 합스부르크'입니다. 합스부르크 가문은 스페인, 플랑드르(벨기에), 독일·오스트리아를 지배했고, 이에 프랑스는 합스부르크 세력에 포위된 형상이었습니다(본서 172쪽 도표 참조).

합스부르크의 장벽을 부수지 않는 한 프랑스의 미래는 없었습니다. 또한 프랑스 국왕은 국내를 일치단결시키려고 합스부르크의 위협을 필요 이상으로 부풀려 이를 이용했습니다. 루이 13세 때의 재상인 리슐리외는 30년 전쟁에 개입하며 합스부르크 세력을 궁지에 몰아넣습니다.

루이 14세(태양왕)도 전 생애에 걸쳐 합스부르크 세력과의 전쟁을 치렀는데, 그 결과 1713년에는 합스부르크 영지인 스페인을 손에 넣습니다. 루이 14세는 자신의 손주를 스페인 왕에 즉위시키고 스페인·부르봉 왕조 체제를 세웁니다. 스페인이 프랑스의 지배에 놓이면서 프랑스는 얼핏 강대해진 나라처럼 보였지만 오랜 전쟁으로 국내는 피폐해졌고 국가 재정도 바닥을 쳤습니다. 그대로는 국가를 영위하기가 힘든 상태였습니다. 마침내 1789년, 프랑스 혁명이 발발합니다.

절대왕정의 경제 구조

영국의 절대왕정은 모직물 산업과 무역업에 대한 규제를 강화시켜, 국가가 신임하는 업자들에게만 독점권을 줌으로써 거액의 이익을 취하게 만들었고 신규업자의 시장 참여를 엄격히 제한했습니다. 대신에 독점권을 가진 특권업자들은 거액의 세금·상납금을 왕정에 바쳤습니다. 이처럼 영국의 절대왕정은 독점적 특권과 이를 유지시키려는 규제를 도시뿐 아니라 농촌까지 적응시켰습니다.

절대왕정 확립 후의 프랑스에서는, 루이 14세 때의 재무장관 콜베르가 영국보다 더 엄격한 산업규제 정책을 시행했습니다. 프랑스 절대왕정의 산업진흥책은 왕정이 직접 사업에 출자하여, 관제공장을 각지에 경영해서 이윤의 대부분을 왕정이 징수하는 통제적인 경제였습니다. 영국이 민간자본의 축적으로 경영을 확장시켜나가는 방침을 취한 것과는 크게 차이가 났습니다.

프랑스 근대산업진흥의 최대 공로자
| 장 바티스트 콜베르 |

프랑스 각지에서 생산되는 공업 생산물은 도시에 설치된 관제시장에 모아져 거래되었고, 행정청이 세세하게 검사를 실시했습니다. 이렇게 왕정이 통제하는 가운데 지방의 중소기업은 재편·통합되면서 합자 형태의 대규모 관제공장(왕립 공장) 형태로 바뀝니다.

프랑스에서 경영이 인정되는 곳은 관제공장뿐이었고, 독점이윤이 보장되었습니다. 콜베르가 창설한 새로운 관제 산업은 훌륭한 품질의 모직물(벨벳), 유리·도자기 등의 사치품 공예를 비롯해 고블랭 직물, 제철, 삼림·광산, 군사·무기 산업 등으로 모두 왕립 공장에서 생산, 관리되었습니다.

무엇보다 콜베르가 가장 중시한 것은 해외무역, 식민지 경영을 진두지휘하는 동인도회사의 운영이었습니다. 프랑스 왕정은 동인도회사에 거액의 자금을 투입해 식민지 시장의 개척에 공을 들였습니다.

프랑스의 절대왕정 체제에서는 중앙정부에서 파견된 지사가 지방행정을 맡게 함으로써 세분화된 지방행정을 말단 촌락에 이르기까지 그 영향이 미치도록 했습니다. 그러나 프랑스는 영국과는 달리 상당한 영역에 걸쳐 제후들의 영토 지배나 봉건적 권리 행사가 비교적 유지되었습니다. 또한 중세 시대부터 이어져온 가톨릭 교회의 세금징수권인 십일조도 유지되었습니다. 성직자나 영주 자신은 각종 면세특권을 계속 누릴 수 있었지요.

이 특권의 잔존이 부르주아와 하급계층의 반발을 일으켜 나중에 프랑스 혁명의 원인이 됩니다. 그들 특권 계급은 관제공장에 주식 형태로 투자해 거액의 이익을 얻었습니다. 거꾸로 말해 그만큼의 부르주아 중산 계급의 이익이 수탈당하는 구조였습니다.

프랑스의 절대왕정 관료기구는 중앙, 지방을 막론하고 거대했기에 그 시스템을 지탱하려고 소비세 같은 간접세 징수의 비율을 올렸습니다. 프랑스의 세분화된 지방행정은 상공업자의 경리 내용을 상세히 파악할 수 있었고, 소비세 징수를 하면서 그들의 경영상태도 정확히 파악할 수 있었습니다.

루이 14세 시대에는 소비세, 내국관세 등의 간접세 수입이 토지세 같은 직접세를 웃돌았습니다. 그 때문에 소비시장에 종사하는 상공업자는 버거운 소비세 납부로 인해 경영 압박을 받았고 사업의 축소·폐지가 줄지어 발생했습니다.

부르주아 상공업자 같은 중산 계급은 재력이 풍부한 특권 계급의 고리대금에 치여 채무노예의 처지가 되었고, 반면에 특권 계급의 재산은 더욱 불어나면서 사회전체가 불온한 분위기에 휩싸였습니다. 이 불온한 상태가 후에 프랑스 혁명을 초래합니다.

프랑스 아카데미

17세기부터 18세기에 걸쳐 문예·예술 분야에서는 고전주의가 융성했습니다. 고전주의는 고대 그리스·로마를 규범으로 삼는 이념의 완전 명료한 표현, 조화로운 형식이 특징입니다. 고전주의의 질서를 중시하는 태도는 안정된 사회, 위정자가 국민을 보호하는 것의 이념과도 맞아 떨어졌기에 당시의 지배자 계급인 왕족·귀족의 지지를 받았습니다. 이를테면 루이 13세 시대의 프랑스에서는 재상인 리슐리외가 프랑스 학사원(프랑스 아카데미)을 창설, 프랑스어의 통일과 문예의 규범을 제시하고 균형 잡힌 고전주의 예술을 보호·추진했습니다.

루이 14세의 채무불이행

루이 14세는 가끔 대외침략전쟁을 일으켰는데 그 대부분이 성공하지 못해 막대한 전쟁비용이 들어갔습니다. 때문에 왕실은 몇 번이고 채무불이행(디폴트)을 일방적으로 선언, 채무를 없던 일로 만들었습니다. 하지만 태양왕에게 이의를 제기하는 사람은 없었고 채권자는 울며 겨자 먹기로 포기할 수밖에 없었습니다.

영국의
시민혁명

신흥 세력의 히스테리

영국은 백년 전쟁 후, 모직물 산업의 발전으로 경제가 급성장했습니다. 영국산 양모 제품은 유럽 각지에서 대성공을 거두며 방대한 양모의 수요를 맞추려고 15세기말부터 17세기까지 농지를 양을 키우는 목양지로 전환시키는 인클로저(토지의 집중적인 개인 소유화-역자 주)가 영국 전역에서 이루어졌습니다. 인클로저 덕택에 양모 원료 공급에 성공한 농촌지주는 졸지에 부자가 되면서 부를 축적하기 시작했습니다.

원료를 제품화하는 직물업의 수공업도 발달해서 이에 종사하는 경영자, 노동자들도 경제의 잉여 혜택을 받았습니다. 영국 각지에 농촌 공업도시가 차례로 생기고, 중산 계급과 하층 계급이 활기를 띠면서 그들의 생산력에 힘입어 영국은 비약적으로 성장했습니다.

상공업에 종사하는 세력은 대부분 프로테스탄트(신교, 칼뱅파)를 신봉했습니다. 칼뱅이 주장한 교의(영리 추구와 재산 축적, 본서 198쪽 참조)는 영국 상공업자들에게도 열렬히 받아들여졌습니다. 그들 영국의 프로테스탄트는 퓨리턴(puritan, 청교도)이라고 불립니다. 엘리자베스 여왕이 그들의 열렬한 신앙을 비꼬아 '순진한(pure) 사람들'이라고 말한 데서 유래되었다고 합니다.

비약적인 호황기로 영국의 사회구조는 크게 바뀌었습니다. 종래의 특권 계급인 귀족과 봉건영주는 급성장한 중산 계급 이하의 신흥 세력을 더 이상 자신들의 뜻대로 다루지 못했습니다. 그들 신흥 세력은 특권 계급을 향해 종래의 권리를 포기하라고 요구하며 시민혁명을 일으킵니다. 애초에는 의회에서 국왕과 특권 계급이 일방적으로 과세하는 세금 문제를 두고 논쟁이 벌어졌지만, 문제는 거기서 그치지 않았습니다.

모직물 수출업을 왕당파의 입김이 작용한 특권 상인이 독점했고, 그 이익의 대부분을 가로채기에 신흥 세력은 불만이 많았습니다. 또한 무역에 관해 많은 규제가 시행되면서 신규업자가 시장에 진출하기가 힘들었고, 세제 시스템도 특권 계급에만 유리하게 만들어졌습니다.

급격한 경제 발전으로 들뜬 기분은 집단 히스테리 상태를 일으킵니다. 히스테리 상태가 신흥 세력에 만연했고, 국왕을 비롯한 특권 계급 그 자체를 부정하는 방향으로 기울면서 급기야 혁명으로 이어집니다.

신흥 세력을 이끈 지도자 크롬웰은 1642년, 청교도 혁명을 일으켜 왕당파를 제거하고 국왕 찰스 1세를 체포했습니다. 찰스 1세의 처형을 두고 신흥 세력의 내부에서 대립이 생겼습니다. 국왕의 처형에 찬성한 세력은 하층 계급인 좌파 세력입니다. 그들은 공화정치파로 모든 특권 계급을 배척하려고 했습니다. 한편 처형에 반대하는 세력은 중산 계급의 우파 세력이었습니다. 그들은 공화정에 반대하며 신분의 서열을 존속시키는 입헌군주주의를 주장했습니다. 혁명의 지도자인 크롬웰은 다수파인 좌파 세력의 뜻을 따라 1649년, 국왕을 처형했습니다. 이를 계기로 우파와 중산 계급은 좌파와 결별합니다.

양 세력의 결렬은 종교에 대한 사고방식의 차이에도 기인했습니다. 그들 신흥 세력은 양 세력 모두 신교·프로테스탄트의 청교도들입니다(본서 187쪽 도표 참조). 하지만 교회 운영의 방식에 대해서는 양 세력의 사고방식에 차이가 납니다. 신교의 창시자인 루터는 신의 가호 아래 모든 사람은 평등하다고 주장하며, 구교·가톨릭 교회의 권위주의를 비난했습니다. 신도는 모두 평등하기에 교회 성직자를 신도의 윗자리에 올려놓는 것을 인정하지 않습니다. 기독교 교의를 가르치는 사람은 목사라고 부르며, 거기에 사제나 주교라고 부르는 가톨릭의 교회 성직자는 두지 않습니다. 가톨릭 교회처럼 신분의 수직적인 서열 관계를 인정하지 않는 회중제(會衆制, 신도가 스스로 교회를 다스리는 중심이라는 뜻-역자 주)가 루터의 사고방식입니다.

칼뱅은 신도와 성직자의 경계를 인정하지 않는 점에서 루터와 같습니다. 하지만 루터처럼 완전평등한 회중제를 취하지 않고 각 커뮤니티를 대표하는 장로라고 부르는 사람들로 구성되는 모임에 교회 운영의 방침을 결정하는 권한을 부여합니다. 이를 장로제라고 부릅니다.

구교·가톨릭의 신분 서열을 인정하는 교회 운영 방식은 감독제, 루터처럼 완전평등주의가 회중제이며, 칼뱅의 장로제는 그 중간쯤 위치합니다. 이를 정치체제에 비유하자면 감독제는 왕정·귀족정치, 회중제는 공화정, 장로제는 의회정치라고 말할 수 있습니다.

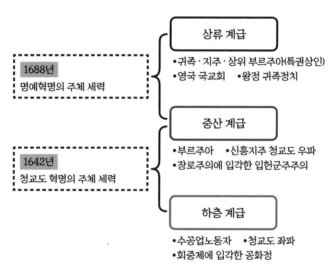

| 영국 시민혁명의 신분서열과 종교 |

크롬웰이 이끈 하층 계급의 청교도는 회중제에 입각해 공화정을 표방하며 국왕 처형을 주장했습니다. 중산 계급은 장로제에 입각해 의회가 국왕 권력을 통제하면서 국가를 운영하는 입헌군주주의를 주장하며 공화정치 세력을 적대시했습니다. 장로제를 주장하는 그들은 장로파라고 불립니다. 이처럼 청교도 내부의 우파, 좌파의 분열은 신앙의 해석 방식을 따지는 것과 동시에 거기서 파생된 정치 체제의 방식

을 따지는 문제였기에 피할 수 없는 대립이었습니다.

혁명 후, 크롬웰은 호국경(Lord Protector)으로 취임, 공화정치를 펼칩니다. 그렇지만 하층 계급을 위한 정치는 아니었습니다. 이 부분이 꽤 미묘합니다. 크롬웰의 정치적 입장은 그가 정권을 발족하기 전과 그 후에 크게 바뀝니다. 정권발족 전인 청교도 혁명 때에는 크롬웰은 하층 계급과 함께 싸우며 왕당파를 제거, 하층 계급의 요구에 따라 찰스 1세를 처형했습니다. 정권을 쥔 후의 크롬웰은 하층 계급을 탄압하기 시작합니다. 특히 하층 계급 중에서 급진적인 공화정을 주장하는 수평파(Levellers)라고 불리는 사람들을 적대시했고, 많은 사람들을 처형시켰습니다. 한편 크롬웰은 정권 운영을 위해 성장이 뚜렷한 부르주아 중산 계급의 경제력이 필요하다고 여겼고, 중산 계급을 옹호하는 정치를 펼칩니다.

크롬웰이라는 인물은 냉엄한 현실주의자로 사물 판단의 경계선이 일반 정치인과는 다릅니다. 왕정을 무너뜨릴 혁명의 에너지는 하층 계급에게 얻어냈고, 혁명이 성공하자 하층 계급을 내치고 정권 운영 능력의 에너지를 중산 계급에게 얻어내려고 그들과 손을 잡았습니다. 지조가 없을지도 모르지만 당시의 영국은 크롬웰 같은 현실주의자가 필요했습니다. 크롬웰이 인정에 이끌려 동지였던 하층 계급을 부단히 옹호했다면 공화정치라는 비현실적인 이상주의에 심취해 영국은 심각한 혼란에 빠졌을 겁니다.

크롬웰은 공화정치를 표면적으로 내세우면서 많은 중산 계급이 진출해 있는 의회를 존중하고, 부르주아 중산 계급을 위한 상공업 추진 정책을 내놓음으로써 시대의 흐름에 맞춘 균형 잡힌 정치를 펼쳤습니다. 크롬웰에 대한 평가에 따라다니는 '독재자', '공포정치'의 이미지는 통속적인 것에 불과합니다.

절대주의 왕정의 붕괴

크롬웰의 중산 계급 옹호 정치로 중산 계급은 현저히 신장했고 이후 중산 계급은 영국 정치의 중심축이 되어 상류 계급과 결탁해, 새로운 정치의 틀을 구축합니다.

크롬웰이 죽은 후, 중산 계급은 상류 계급과 더 밀접해지며 정치 기반을 확충시킵니다. 이때 칼뱅파 장로제를 주장하는 중산 계급(본서 187쪽 도표 참조)은 상류 계급의 영국 국교회에 개혁·쇄신을 제기했는데, 상류 계급은 이를 받아들였습니다.

본디 영국 국교회는 칼뱅파의 교의를 그대로 수용하고 있었기에(아래 도표 참조), 영국 국교회와 칼뱅파의 장로제는 그 교의에 차이가 없습

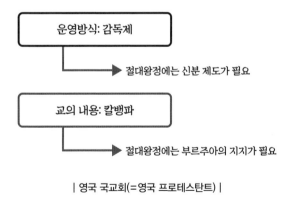

| 영국 국교회(=영국 프로테스탄트) |

니다. 그래서 영국 국교회는 영국 프로테스탄트라고도 불립니다.

그러나 영국 국교회는 가톨릭처럼 감독제가 있기에 장로제와는 교회의 운영방식이 달랐습니다. 영국 국교회인 상류 계급은 중산 계급과의 연대를 강화하려고 감독제를 대부분 없애고 합의를 따르는 장로제를 도입했습니다.

이렇게 장로파와 국교회와의 결속이 진행되면서 나중에는 장로파와 국교회의 구별이 없어집니다. 즉, 양쪽의 결합은 중산 계급이 이전에 왕당파에 속했던 상류 계급과 화해했다는 뜻이고, 이에 따라 의회 정치를 주장하는 중산 계급과 왕정을 주장하는 상류 계급의 절충안인 입헌군주주의의 사고방식이 탄생합니다. 입헌군주주의는 왕의 존재를 인정하되 그 독재를 허락하지 않고 의회가 정한 헌법에 따라 왕의 권력을 제한하는 제도입니다.

상류 계급과 중산 계급이 연대함으로서 의회 세력을 형성하고, 공화파의 하층 계급을 배제한 가운데 온건한 입헌군주정치를 내세운 왕정복고를 실현시켰습니다. 그리고 1660년, 찰스 2세가 즉위합니다.

처음에 찰스 2세는 입헌군주주의 취지에 동의하면서 의회와 타협하며 서로의 관계를 원활히 구축했습니다. 하지만 점차 의회의 의견을 듣지 않으면서 의회와 대립각을 세우게 됩니다. 찰스 2세가 죽고 동생인 제임스 2세가 즉위했습니다. 제임스 2세는 강경보수적인 가톨릭과 절대왕정의 부활을 꿈꾸었습니다. 의회와의 대립은 피할 수 없었고 1688년, 명예혁명이 발생하면서 제임스 2세는 추방당했습니다.

명예혁명 이후, 영국 의회는 국왕의 실질적인 정치 권력을 허용하지 않고, 그때까지 국왕의 권리였던 외교교섭권, 관세나 소비세 등의 징수권, 행정집행권 등을 무효화시켰습니다.

"국왕은 군림하되 통치하지 않는다"라는 유명한 말이 생겼고, 이에 영국의 입헌군주주의가 확립됩니다. 모든 통치권을 장악한 영국 의회는 자유주의 개혁을 차례로 이루며 새로운 시대를 열어갑니다.

영국은 1642년의 청교도 혁명으로 절대주의 왕정을 붕괴시켰습니다. 크롬웰의 중산 계급 보호 정책으로 중산 계급은 정치력을 몸에 익혔고, 또한 상류 계급과 협조함으로써 1688년의 명예혁명을 거쳐 입헌군주주의에 기초한 의회정치를 확립했습니다.

자금 유입과 시장 개척

명예혁명으로 중산 계급의 정치적 입장이 강화됩니다. 이 중산 계급은 모직물 산업으로 부를 축적한 부르주아 세력입니다. 그들은 산업자본가로서 모직물 산업뿐 아니라 각종 비즈니스를 전개했습니다. 영국에서는 특히 근대자본주의 형성에 기반이 되는 금융 비즈니스 시스템이 정비됩니다. 1694년, 잉글랜드 은행이 설립되면서 중앙은행의 역할을 맡아 금융 정책의 선두를 지휘했습니다. 몇 차례 화폐개혁도 이루어지면서 영국의 화폐가치가 안정되고 세계적인 신용도 얻게 됩니다.

영국 금융시장의 신용을 배경으로 국채시장이 발전하자, 유럽 전역의 부유층으로부터 자금이 모였습니다. 영국의 국채는 의회가 발행, 상환을 모두 통제하는 데다 의사결정의 투명함 덕분에 투자자의 신뢰도가 높아졌습니다. 다른 나라의 채권은 왕정으로 통제되기에 그 의사결정이 자의적이고 불투명해서 투자자의 입장에서는 리스크가 높았습니다. 영국 정치는 의회에서 열리고 외부에서도 그 동향을 알기 쉬운 데다, 투자자에게 판단재료를 많이 제공했습니다. 유럽의 각 나라 중에서도 영국 국채의 인기가 압도적으로 높았기에 영국에 대량으로 자금이 흘러들어왔습니다. 영국은 풍부한 자금과 자본의 쓰임새를 새로운 시장 개척으로 돌렸고, 적극적으로 해외로 진출해 세계 각지를 자국의 식민지 경제로 편성해나갑니다.

명예혁명이 일어나기 정확히 100년 전인, 엘리자베스 1세 시대인 1588년에 영국은 아르마다 해전에서 스페인에 승리를 거두고 해상으로 진출했습니다. 17세기에 들어서면서 영국은 네덜란드와 해상무역의 권리를 두고 대립합니다.

청교도 혁명을 거쳐 크롬웰이 독재정권을 세운 후, 1651년에 항해법이 공포되었습니다. 외국선박의 영국 입항을 금지하고 네덜란드 선박을 내쫓습니다. 당시 자금이 풍부한 네덜란드는 영국에 막대한 채권을 가지고 있었습니다. 영국은 항해법을 방패삼아 채무 변제에 응하지 않았고, 화가 난 네덜란드가 선전포고를 감행해 영국-네덜란드 전쟁이 벌어집니다. 하지만 상업대국인 네덜란드도 영국의 해군력에는 어쩌지 못하고 패했습니다. 이후 네덜란드의 세력은 쇠퇴했고 영국이 우위에 섭니다.

영국이 해외로 진출하면서 북미, 인도에서 영국과 프랑스의 대립이 심해졌습니다. 프랑스도 1643년, 루이 14세가 즉위하면서 적극적으로 해외진출을 노렸습니다. 프랑스에 대항하기 위해 영국은 네덜란드와의 관계를 회복합니다.

영국-네덜란드 전쟁에서 영국에 패한 네덜란드는 복수의 감정이 있었습니다. 그런 네덜란드에 대해 영국은 파격적인 성의를 표시합니다. 1688년, 명예혁명으로 제임스 2세가 추방당하자, 네덜란드의 총독 윌리엄과 그의 처 메리를 국왕으로서 받아들입니다. 네덜란드를 이끄는 최고 통치자를 영국 국왕으로 맞이함으로써 영국과 네덜란드의 일체화를 꾀했습니다.

영국은 네덜란드의 지원을 얻어 프랑스와 100년 동안 전쟁을 했습니다. 나중에 제2차 영국-프랑스 백년 전쟁이라고 불리는 전쟁에서 영국은 최종적으로 승리를 거두고 18세기 후반에는 세계에 군림하는 대영제국이 됩니다.

회계감사 제도의 탄생

영국은 연속적인 식민지쟁탈 전쟁으로 거액의 채무를 짊어졌습니다. 이 채무를 대신 맡게 될 정부출자회사인 남해 회사(The South Sea Company)가 1711년에 설립됩니다. 남해 회사는 분식회계를 반복하면서 자사주식의 부정한 조작으로 이익을 내려 했지만 파산합니다. 그 후 국가경제에 중대한 위기를 초래한 남해 회사의 회계를 반성하고, 회계감사 제도가 정비됩니다.

7장
18세기의
유럽 각국

바다로 향하는 출구

철도나 도로가 없었던 시대에는 대량의 화물을 운송하려면 뱃길을 이용해야 했습니다. 하천이나 바다를 따라 길이 만들어졌고, 그곳은 교역의 거점이 되었습니다.

발트해는 스칸디나비아 반도, 유틀란트 반도에 둘러싸여 있기에, 중세 시대부터 뱃길 운송의 네트워크가 면밀히 이루어지면서 유럽 북방의 물류를 담당하는 핵심이었습니다. 12세기에는 강력한 세력을 과시한 독일 북부의 도시동맹인 한자동맹(항만도시인 뤼베크 등)이 생겼고, 1397년에는 덴마크·스웨덴·노르웨이의 북유럽 3국이 칼마르 동맹을 결성하며 연합군이 탄생합니다. 발트해의 패권을 두고 칼마르 동맹과 한자 동맹은 격렬한 전투를 벌였고, 15세기에 칼마르 동맹이 승리했습니다. 16세기에 스웨덴은 왕정 아래 중앙집권화를 추진했고 17세기에 최고의 전성기를 맞이하면서 발트해를 지배합니다.

발트해 남쪽의 내륙부인 러시아에서는 모스크바 대공국에 이어 1613년, 로마노프 왕조가 미하일 로마노프에 의해 세워지고, 아직 규모는 작지만 러시아 제국이 탄생했습니다. 표트르 1세 시대에는 서구화·근대화를 추진하며 비약적으로 발전합니다. 러시아·로마노프 왕조는 모스크바 대공국 이후 육지에 위치했기에 바다로 가는 출구가 없었습니다. 근대국가가 되려면 바다의 교역권을 장악할 필요가 있습니다. 그래서 이미 발트해의 패권을 장악하고 있던 스웨덴과 전쟁을 벌입니다. 이를 북방전쟁이라고 부릅니다.

표트르 1세는 이 전쟁 이전부터 행정기구, 군사기구의 근대화, 중앙집권화를 추진했습니다. 작은 나라였던 러시아는 주변 지역을 장악해 지배권을 확대해야만 했습니다.

표트르 1세는 러시아 중앙정부에 따르지 않는 지방의 농촌 지주들을 제압했습니다. 그들 지주들은 코삭이라고 불리는 봉건적인 무장 세력으로 오래전부터 자급자족의 부족 생활을 영위하며 러시아 제국의 지배를 거부했습니다. 표트르 1세는 그의 부친의 시대부터 계속 반항해온 러시아 남쪽의 볼가 강 유역의 코삭을 진압하고, 지배 체제를 굳혔습니다. 또한 표트르 1세는 러시아 서쪽의 우크라이나·코삭의 반란도 진압하고 우크라이나를 정복합니다.

표트르 1세는 이들 주변 지역의 코삭들을 복종시켜 러시아 제국의 군대로 편입해 북방전쟁이라는 활로를 모색해주었습니다. 북방전쟁에서 작은 나라 러시아가 대국인 스웨덴에 이길 수 있었던 까닭은 러시아에 산재해 있던 코삭 세력이 러시아 제국 아래 모여 결속했기 때문이었습니다.

1721년, 승리한 러시아는 발트해에 진출했고, 발트해 연안에 신도시 페테르부르크를 건설하며 발트해를 지배했습니다.

18세기 전반, 표트르 1세는 북부인 발트해 방면으로 영토를 확대했고, 18세기 후반의 여제 예카테리나 2세는 남부인 흑해 방면으로 시선을 돌려 오스만 제국으로부터 크림 반도를 뺏습니다. 크림 반도는 흑해로 향해 돌출된 반도로, 흑해의 제해권을 장악하는 데 중요한 전략 거점이었습니다.

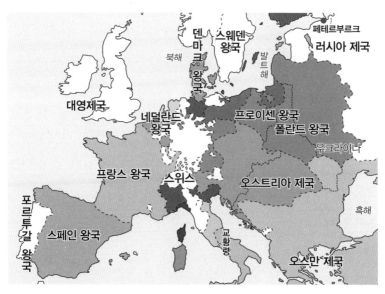

| 18세기의 유럽 |

이렇게 북쪽의 발트해와 남쪽의 흑해를 잇는 물류동맥이 러시아 영토에 형성되고 교역이 활발해지면서 경제가 비약했고, 이에 따라 국력도 급속히 증대합니다.

예카테리나 2세는 여기서 그치지 않고 1773년에 일어난 푸가초프 반란을 진압하여, 러시아 남쪽에서 중앙아시아 북부까지를 러시아의 지배권 아래 두었습니다.

프로이센의 등장

신성로마 제국은 독일과 오스트리아 지역을 지배하고 있었습니다. 15세기 이후 합스부르크 가문이 신성로마 황제의 지위를 세습했고, 16세기의 칼 5세 시대에 전성기를 맞이하며 강국의 면모를 과시했습니다. 하지만 17세기의 30년 전쟁에서 프랑스에 패하면서 쇠퇴의 길을 걷습니다. 합스부르크 가문은 독일에 대한 지배권을 상실하고, 본거지인 오스트리아로 후퇴합니다. 이후 합스부르크 제국은 '신성로마 제국'이라고 불리지 않고 '오스트리아 제국'으로 불리게 됩니다(본서 196쪽 지도 참조).

30년 전쟁 이후, 합스부르크 가문을 대신해 호엔촐레른 가문인 프로이센이 등장합니다.

프로이센은 독일 동북부가 발상지로 지속적으로 군사력을 키우면서 발전했습니다. 프로이센은 독일·러시아·북유럽에 둘러싸인 발트해 교역권에 위치한 교통 요지였는데, 그 지리적 이점으로 번영을 구가한 덕분에 다른 독일 지역을 압도했습니다. 프로이센은 본디 농업 국가로 주로 네덜란드, 영국에 곡물을 수출했습니다.

또한 프로이센은 프로테스탄트·신교의 나라로 주변 나라들에서 망명해온 칼뱅파 신교도를 받아주는 나라이기도 했습니다. 대항해 시대 이후로 유럽 내륙에도 화폐경제가 침투하면서 연안 지역의 경제성장이 내륙 지방으로 확산되었습니다. 내륙 지방에서 상공업자(부르주아)가 자리를 잡으면서 자본이 축적되었고, 그들 상공업자들은 '영리 추구와 재산 축적의 긍정'을 교의로 삼은 칼뱅파를 믿었습니다.

그러나 오스트리아·폴란드·프랑스는 가톨릭·구교의 나라로 칼뱅파를 탄압했습니다. 특히 프랑스의 루이 14세는 맹신적인 가톨릭 교도로 칼뱅파를 심하게 탄압했는데, 프랑스의 칼뱅파 상공업자들은 프랑스를 떠나 프로이센으로 대거 이주했습니다. 프로이센은 당시 인구가 적어서 고민했기에 이러한 이주자들을 적극적으로 받아들였습니다.

프로이센의 인구는 급증했고, 베를린을 중심으로 각지의 상공업 도시가 융성, 발전했습니다.

프로이센은 1701년에 왕국이 되었고, 프리드리히 빌헬름 1세 시대에 군비를 증강했으며 아들인 프리드리히 2세(프리드리히 대왕) 시대에 비약적으로 성장합니다.

이렇게 독일 북부에서는 새로운 세력인 프로이센, 남부에서는 옛날 세력인 합스부르크·오스트리아가 양립하면서 대립하게 되고 전쟁으로 비화됩니다. 프로이센의 프리드리히 2세와 오스트리아의 마리아

테레지아 여제는 독일의 패권을 두고 1740년과 1756년, 두 차례에 걸쳐 전쟁을 치릅니다.

이 전쟁들은 영국과 프랑스를 끌어들인 복잡한 국제 전쟁의 양상을 띄었고, 최종적으로 프로이센이 오스트리아에 승리했습니다. 하지만 이것은 결정적인 승리가 아니었습니다. 양쪽의 결전은 프랑스 혁명과 나폴레옹 시대의 혼란을 거쳐 1866년의 프로이센-오스트리아 전쟁까지 질질 이어지면서 프로이센이 승리를 거두었고, 그제야 프로이센을 중심으로 독일의 통일이 진행됩니다.

영국의 우위

프랑스는 1740년과 1756년의 두 차례 프로이센-오스트리아 전쟁에 크게 관여했습니다. 프랑스의 입장에서는 이웃 나라인 프로이센과 오스트리아의 동향이 자국에 직접적인 이해관계를 불러오기에 수수방관할 수는 없었습니다.

이처럼 프랑스가 유럽 내륙 지방의 전쟁에 관여하면서 다른 곳에 신경 쓸 여유가 없어진 상황 속에서 영국은 북아메리카 대륙, 인도로 진출했고 전군을 투입해 현지의 프랑스 세력을 몰아냅니다.

섬나라 영국이 유럽의 분쟁에서 동떨어져 해외식민지 지배에 전념할 수 있었던 것과는 달리 프랑스는 병력의 대부분을 유럽 내륙 지방의 분쟁에 쏟을 수밖에 없었습니다. 영국의 우위는 갈수록 확실해졌고, 18세기 후반에는 프랑스 세력을 몰아내고 북아메리카 대륙과 인도 지배권을 거머쥐었습니다.

17세기에 해양무역의 패권을 장악한 네덜란드는 다음 도표(본서 201쪽)에서 보듯 18세기에는 영국과 프랑스에 비해 무역 규모가 크게 뒤졌습니다. 영국의 모직물 제품을 유럽 전역에 파는 소매업 상사의 역할을 맡으며 성공한 네덜란드였지만, 영국이 독자적인 소매업 상사를 설치하고 판로 네트워크를 구축하자 자신의 일을 급속히 빼앗겼습니다. 네덜란드는 영국이나 프랑스처럼 강력한 왕권이 존재하지 않는 느슨한 연방제로 산업진흥을 위해 특권적인 조직력을 동원할 수 없었기에 소규모 사치품 공예품을 생산하는 정도에 그쳤습니다. 또한 암스테르담의 금융 센터도 런던에 그 패권을 뺏겼습니다.

덴마크·노르웨이의 연합 왕국은 낙농 경영을 국가 규모로 추진하면서 식량 공급국으로 성공했습니다. 18세기 후반의 유럽 각국은 동 세기 전반의 인구에 비해 20~30% 늘었고, 식량 수요도 급증했습니다. 이탈리아·독일의 선박 보유량은 16, 17세기에 비해 거의 변함이 없었고, 중세 이후부터 각기 지중해 교역, 발트해 교역을 영위하고 있었습니다.

스페인·포르투갈은 광활한 남미의 나라들, 일부 아시아 식민지를 보유하고 있었습니다. 스페인은 브라질 이외의 남미 나라들, 멕시코, 필리핀을 지배했고 포르투갈은 브라질, 아프리카, 인도, 동남아시아 일부를 지배했는데, 다음 도표의 선박 보유량에서 보듯 이들 식민지를 효과적으로 자국의 경제권에 편입시키지 못하고 반쯤은 방치한 상태였습니다.

스페인은 1588년의 아르마다 해전에서 영국에 패배한 이후 급속히 쇠퇴했습니다. 17세기에는 쇠약해진 왕권으로 인해 제후 세력이 각지에서 군웅할거했기에 통일된 국가 정책을 펼칠 수 없는 정체된 상황이었습니다. 18세기, 스페인은 왕위 계승전쟁으로 프랑스의 통치 아래 놓입니다. 18세기 후반에 프랑스 자본의 투입으로 산업이 진흥하고 조금씩 성장 기미가 보였지만, 프랑스는 식민지쟁탈전에서 영국에 패배하면서 재정난에 빠져 스페인을 지원할 형편이 아니었습니다.

단위: 만 톤   (참고: R. Romano 《Studi in onore di Amintore Fanfani》)

영국	120.4	이탈리아	25.4
프랑스	72.9	독일	15.5
네덜란드	39.8	스페인	14.9
덴마크 · 노르웨이	38.6	포르투갈	8.5

| 1780년대 유럽 각국의 선박 보유량 |

《물질문명과 자본주의 – 15~18세기》

20세기의 역사가인 페르낭 브로델의 저서. 특히 제2권인 《교환의 역할》이 압권으로 산업혁명 이전의 유럽 자본주의 태동에서 시작해 18세기의 세계적 규모의 자본주의가 어떻게 형성되었는지를 상세히 설명하고 있습니다. 페르낭 브로델은 자본주의와 시장을 구별해 "시장은 도시민, 농민, 소상인으로 구성되는 물질의 교환 장소이다"라고 정의합니다. 시장의 거래는 소박한 등가교환이고 큰 이익을 얻지는 못합니다. 한편 자본주의는 베네치아처럼 대도시 상인에 의해 구성되는데 페르낭 브로델은 "도시는 시장과 시장을 잇는 교역의 접점이고 대상인들은 대도시에서 파생되는 교역의 이권을 독점, 자본을 축적했다"라고 말합니다. 이처럼 중세의 도시경제 형성과 먼 거리 무역 안에서 그는 근대자본주의로 이어지는 원형을 발견하려고 했습니다.

PART 5

근대

근대 유럽에서는 산업혁명이 확산되면서
면제품, 철제품 등을 생산하는 공장이 건설됩니다.
공장을 중심으로 사람들이 정착하고
공장에서 일하고, 월급을 받는 오늘날 우리와
똑같은 형태의 커뮤니티가 나타나기 시작합니다.

18세기, 절대주의체제는 쉴 새 없는 전쟁으로 피폐해져 극도의 재정난에 빠졌기에 그 출구가 보이지 않았습니다. 절대주의 체제 아래 식민지 경영, 무역에 뛰어들어 이익을 올릴 수 있었던 사람들은 일부 특권 귀족이나 특권 상인뿐으로 일반인들은 그렇지 못했습니다.

특권 세력이 왕권과 유착하면서 각종 권리를 독점하는 상황이 비일비재해지는 한편, 이권의 혜택을 누리지 못한 일반 민중은 왕정의 재정난을 보전하기 위해 중과세에 허덕이며 억압받았습니다. 이와 같은 특권사회를 해체하려는 시도가 근대화입니다.

근대화는 '왕·귀족이 중심인 사회'에서 '부르주아 시민 계급이 중심인 사회'로 이행되는 과정이며, '봉건적 농업경제'에서 '근대적 공업경제'로 이행되는 시기이기도 합니다. 공업화가 진행되면

서 출현한 공장 경영자나 산업자본가 들이 부르주아로 불리는 사
람들입니다.

유럽에서는 농업 기술이 진화하면서 농업 생산량이 향상되었
습니다. 그 결과 식량 공급이 늘어나면서 18세기 이후에는 인구
가 비약적으로 증가했습니다. 이들 인구는 유럽의 시장 경제를
보다 충실하게 만들어 근대적 자본주의를 형성하는 기반이 됩니
다. 자본은 보다 더 큰 시장과 이익을 찾아 해외로 진출합니다. 근
대는 유럽이 세계를 일체화시켜 지배하는 시대입니다.

자본주의 경제의 발전은 부르주아 계급의 비약적인 성장으로
이어져 부르주아 시민 계급이 확산되고, 그들이 종래의 이권구조
의 해체를 요구하게 되면서 시민혁명으로 이어집니다.

프랑스
혁명

빵이 없으면 케이크를 먹어라

프랑스 부르봉 왕조의 태양왕인 루이 14세가 건축한 베르사유 궁전을 방문한 사람이 많을 거라고 생각합니다. 베르사유 궁전의 정원을 포함한 총면적은 800헥타르, 이는 도쿄 돔의 2천 배 크기나 됩니다. 궁전 내부의 길을 전부 합하면 전장 약 20킬로미터나 되고, 아득히 보이는 지평선까지 이어지는 대정원과 700개 이상의 방을 구비한 궁전 내부, 베르사유 궁전의 장엄함에 누구나 감탄을 금치 못합니다.

일반적인 역사 해설서에서는 호화로운 베르사유 궁전의 건축이 프랑스의 국가 재정을 파탄시켰다고 설명하지만, 실제로는 그렇지 않습니다. 1660년대부터 30년 동안이 실질적인 건축 기간인데, 이 기간 동안 연간 투입예산의 평균은 국가 예산의 약 5%정도에 불과했습니다.

프랑스의 국가 재정을 파탄시킨 최대 원인은 쉴 새 없는 전쟁에 들어간 비용이었지, 베르사유 궁전의 건축 자금이 원인이 아닙니다.

태양왕 루이 14세 이후는 루이 15세, 루이 16세로 이어지는데, 프랑스 혁명 시대인 루이 16세 때에는 재정적자가 45억 리브르(livre, 1795년까지 프랑스에서 사용된 화폐 단위-역자 주)에 이르렀고(국채 금리 7%), 실질적으로 채무불이행(재정 파탄)에 빠졌습니다.

부르봉 왕조는 재정적자를 보전하려고 국채와 지폐를 자주 남발하면서 극심한 인플레가 초래되었고 일반인들의 생활을 힘들게 했습니다. 신용이 바닥에 떨어지면서 모든 경제기능이 마비되었습니다. 부르봉 왕조는 튀르고, 네케르 같은 개혁파 경제인에게 의뢰해 재정의 건전화를 도모했습니다. 그들은 부유층에게 더 많은 세금을 부담시켜 세수입을 확보하려고 시도했지만, 부유층의 저항에 부딪쳐 실패했습니다. 전혀 해결될 기미가 보이지 않는 인플레와 심각한 불황에 서민들의 분노가 폭발했고, 1789년에 바스티유 교도소를 습격하면서 프랑스 혁명기에 접어듭니다.

부르봉 왕정에 불신을 품은 부유층은 의회를 구성해, 부르봉 왕정의 재정문제는 의회가 다루게 됩니다. 또한 왕정도 재정에 관해 도무지 손을 쓰지 못하는 상태라서 의회에 일임할 수밖에 없었습니다.

이렇게 형성된 초기 의회는 귀족, 부르주아 등 부유층이 실권을 장악했습니다. 그들은 왕정에 돈을 빌려준 채권자들입니다. 부르봉 왕정이 발행한 막대한 채권을 갖고 있지만, 그 자금을 회수해야만 했습니다. 부르봉 왕정의 재정이 채무불이행에 빠지면 채권은 종잇조각이 됩니다. 채권자인 부유층은 이를 가장 두려워했고, 부르봉 왕정의 재정을 어떡하든 유지하려고 애썼습니다.

의회는 아시냐(Assignat) 지폐를 새롭게 발행합니다. 아시냐는 어음이라는 의미입니다. 부르봉 왕정이 지폐를 계속 찍어낸 탓에 돈이 종잇조각 신세가 되는 가운데, 이를 폐지하고 새롭게 의회가 책임을 지는 아시냐 지폐를 도입했습니다. 의회는 아시냐 지폐 발행을 엄격히 관리하고 그 가치를 안정시켜 인플레를 진정시키려고 했습니다.

그러나 인플레는 멈추지 않고 경제는 더욱 혼란스러워졌습니다. 의회의 관리 아래 발행된 아시냐 지폐였지만, 사람들은 의회 그 자체를 불신했습니다. 의회의 주요 멤버인 귀족, 부르주아 같은 부유층은 부르봉 왕조에 거액을 빌려주었기에 만일 부르봉 왕조가 파산하면 필연적으로 부유층도 파산합니다. 말하자면 부르봉 왕조도 부유층도 '한 지붕 아래 식구'였기에 거액의 재정적자가 근본적으로 해결되지 않는다면 연쇄 파탄을 피할 수 없습니다. 재정적자는 방치한 채 표면적으로 아시냐 지폐만 발행했으니, 사람들의 신용을 얻지 못했고 아시냐 지폐는 계속 폭락했습니다.

이러는 동안 민중의 생활은 극도로 궁핍해졌고, 먹거리조차 구하지 못하는 상황이었습니다. 궐기한 민중은 '베르사유 행진'이라는 데모를 했습니다. 베르사유 궁전에 있던 루이 16세의 부인 마리 앙투아네트는 "빵을 달라!" 하고 외치면서 절규하는 민중에게 "빵이 없으면 케이크를 먹으면 될 게 아니냐"라며 비웃었다고 합니다. 만들어진 이야기겠지만, 당시의 왕실과 민중 사이에 놓인 거리감의 격차를 시사하고 있습니다.

인플레와의 싸움

민중의 데모와 폭동이 전국에서 빈번히 일어나면서 차츰 형세가 격렬해지자, 부유층 중심의 의회는 어느 한 가지 효과적인 수단도 내놓지 못한 채 신뢰를 잃고 정권에서 쫓겨났습니다. 이를 대신해 민중과 빈곤층을 대표하는 자코뱅파가 출현하면서 혁명 후기의 의회를 구성하게 됩니다.

자코뱅파는 부유층과는 달리 부르봉 왕조에 채권이 없기에, 왕조가 채무불이행에 빠져도 이익을 보거나 손해를 볼 게 전혀 없는 자유로운 몸이었습니다. 재정 적자라는 큰 난관을 단번에 끝내려고 국왕 루이 16세와 마리 앙투아네트를 처형, 200년 동안 이어져 온 부르봉 왕조를 처단했습니다. 물론 부르봉 왕조에 대한 모든 채권도 일방적으로 소멸시켰습니다.

빌려준 돈을 회수하지 못해 화가 난 부유층은 자코뱅파에 저항했습니다. 하지만 자코뱅파는 민중의 압도적 지지를 배경으로 저항하는 귀족, 부르주아의 부유층을 기요틴(단두대)으로 처형했습니다. 자코뱅파인 로베스피에르는 기요틴 처형을 빈번히 실행, 반대파를 말살시키면서 독재권을 거머쥡니다.

로베스피에르는 1793년, 최고가격령을 내려 인플레를 억제합니다.

재정적자의 원인이 되었던 채무자(왕)와 채권자(부유층)들은 단두대의 이슬로 사라져 이미 세상에 존재하지 않았습니다. 거액의 재정적자를 없애려니 그만큼 거칠고 난폭한 조치가 필요했습니다.

재정적자가 없는 깨끗한 경제상황 속에서 최고가격령은 효과를 거두며 일시적으로 인플레를 진정시켰습니다. 다음 그림(아래 도표 참조)을 보면, 1793년에 아시냐 지폐의 가치가 단번에 두 배로 회복되었다는 사실을 알 수 있습니다. 하지만 인플레 위기는 다시 찾아옵니다. 1794년에 아시냐 지폐가 재차 폭락하기 시작합니다. 재정적자가 해소되고 신용불안의 원인이 제거되었음에도 대체 무슨 이유일까요.

| 아시냐 지폐 가치의 추이 |

인플레의 원인은 로베스피에르·자코뱅 정권이 안정되지 못했기 때문입니다. 앞서 언급했듯 로베스피에르는 자신에 반대하는 부유층을 가차 없이 기요틴으로 처형시켰습니다. 그 결과, 담세력(세금을 낼 수 있는 능력-역자 주)이 있는 부유층은 없어지고 가난한 소농민만 존재했으니 세수입이 있을 리가 없었지요. 경제를 추진하는 세력, 지탱해주는 세력을 모두 죽이거나 추방하면 경제가 옴짝달싹하지 못합니다.

세금 수입이 안정되지 못한 정권은 사람들의 신용을 얻지 못하고, 그러한 정권이 발행한 지폐는 폭락합니다. 또한 로베스피에르의 독재가 심해지면서 의사결정의 과정이 공개되지 않고 불투명해지니 정권에 대한 사람들의 불신감이 깊어졌습니다.

게다가 로베스피에르는 강력한 독재권을 갖고 있음에도 불구하고 그 자신이 군인이 아니었기에 군을 장악하지는 못했습니다. 군사력을 통제할 수 없는 정권은 허약하기에 반란이나 폭동이 발생해도 대처하지 못하고 붕괴합니다.

로베스피에르는 군을 장악하지 못한 대신에 공안위원회라는 직속 비밀 경찰조직을 만들었습니다. 이 조직은 반대자를 밀고했고, 처형을 집행했습니다. 군을 통제할 수 없는 로베스피에르의 입장에서는 자신의 몸을 지키기 위한 유일한 수단이었습니다.

불안정한 정권 기반 속에서 자코뱅 정권은 사람들의 신용을 얻지 못하고, 인플레도 극복하지 못했기에 경제를 향상시킬 수 없었습니다. 결국 로베스피에르도 반대파의 쿠데타로 처형당했습니다.

로베스피에르가 처형당한 후, 합의제를 주축으로 삼은 '총재정부'가 탄생했습니다. 총재정부는 자유주의를 시장에 도입하여 경제회복을 꾀했지만 1795년에 하이퍼 인플레(급격하게 발생한 인플레-역자 주)가 발생했습니다. 총재정부는 연일 지폐를 증쇄했고, 지폐의 신용이 바닥에 떨어지면서 경제가 파탄했습니다.

정부는 화폐 단위를 리브르에서 프랑으로 바꾸고 디노미네이션을 실시했습니다. 디노미네이션은 가령 100이라는 화폐 단위를 1의 화폐 단위로 낮춤으로써 표면적으로는 화폐 단위를 높이지만 실제로는 가격이 똑같은 일종의 속임수 같은 정책입니다. 기대한 효과는 없었고, 사회 혼란은 극도로 치달았습니다.

황제가 된 나폴레옹

이 혼란을 구한 사람이 나폴레옹이었습니다. 나폴레옹은 로베스피에르와는 달리 인플레를 수습하는 데 성공했습니다.

나폴레옹은 군인 출신입니다. 유능한 장교로서 현장의 병사들에게 두터운 신뢰를 받았고, 혁혁한 무공을 세움으로써 젊은 나이에 출세했습니다. 나폴레옹은 군을 완전히 장악했고, 군도 나폴레옹의 통솔을 원했습니다. 나폴레옹은 쿠데타를 결행하여, 총재정부를 무너뜨리고 스스로 정부를 만들었습니다.

나폴레옹 정권은 군사정권이기에, 로베스피에르의 자코뱅 정권처럼 군과 분리되지 않고 일체감을 형성했습니다. 나폴레옹 정권은 무력으로 뒷받침된 강력한 것이었고, 무공을 많이 세운 나폴레옹은 그 카리스마와 더불어 국민들로부터 압도적 지지를 받았습니다. 누가 보아도 나폴레옹 정권은 추호의 흔들림이 없었기에 사람들의 신용을 얻었습니다.

나폴레옹 정권은 국가 재원을 확보하려고 빈번히 대외적으로 군사 침략을 감행했습니다. 나폴레옹은 '전쟁을 하면 국고가 풍부해진다'고 입버릇처럼 말했습니다. 전쟁을 일으켜 거둔 승리는 나폴레옹을 비롯해 부하 장교들에게 영광을 안겨주었을 뿐 아니라 막대한 수익도 가져다주었습니다. 나폴레옹은 군사정권의 장점을 살려 사람들의 지지를 확보함으로써 혁명기의 최대 현안이었던 인플레를 보란 듯이 극복하고 경제를 안정시켰습니다.

나폴레옹은 1804년, 나폴레옹법전이라고 불리는 민법전을 만들었습니다. 근대적인 각종 권리 관계를 규정한 이 법전의 가장 중요한 요소는 소유권의 절대성, 계약 자유의 원칙 등 부르주아 부유층의 재산을 보장하는 것이었습니다(사유재산의 불가침).

자코뱅파 시대에 부유층은 부르봉 왕정에 대한 채권을 강제적으로 포기할 수밖에 없었습니다. 사유재산을 일방적으로 몰수당했습니다. 그 이후, 프랑스에서는 사람들이 재산 축적을 두려워하게 되었고, 투자 · 창업이 거의 이루어지지 않아 경제 정체의 원인이 되었습니다.

물론 외국의 투자자들도 프랑스에 대한 투자는 위험하다고 여겨, 프랑스는 경제적으로 고립되었습니다. 그런 상황에서 나폴레옹은 사유재산의 불가침을 명시적으로 법문화했고, 나폴레옹의 강력한 정권이 그것을 보장한다고 선언했습니다. 그 파급력은 실로 대단해서 투자가 다시 활발해졌고, 단번에 경제가 살아나기 시작했습니다.

나폴레옹은 국채 발행에도 눈을 돌려, 사람들이 정권에 적극적으로 투자해주길 원했고, 그 돈을 군비 확충과 인프라 정비에 충당합니다. 또한 나폴레옹은 중앙은행에 해당하는 프랑스 은행을 설립했습니다. 프랑스 은행은 엄격한 규율 아래 금융 정책, 통화 정책을 관리함으로써 인플레를 억제시켰습니다.

나폴레옹의 정책은 경제를 비약적으로 성장시켰고, 국민생활도 크게 향상시켰습니다. 거대한 규모의 군대에 실업자를 고용했기에, 실업률 0%라는 경이적인 숫자를 달성했습니다. 그 이후 국민의 압도적인 지지를 얻어 나폴레옹은 황제가 되었습니다.

황제가 된 나폴레옹은 스스로 군을 이끌고 대외적인 군사 침략에 나섭니다. 오스트리아와 프로이센을 격파하며 나폴레옹의 저돌적인 진격은 계속 됩니다. 하지만 나폴레옹에게 위기가 찾아옵니다.

1808년 스페인에서 반란이 일어나고, 다음해에는 그 반란이 확산됩니다. 동쪽인 독일 방면으로 진격하던 나폴레옹 군은 배후가 노출되는 상황에 처합니다. 나폴레옹이 스페인의 반란에 대처하려면 독일 방면의 안전을 확보하지 않으면 안 되었습니다. 나폴레옹은 고육지책으로 오스트리아계 합스부르크의 황녀와 결혼, 혼인관계를 맺어 이 지역을 안정시키려고 했습니다. 나폴레옹의 부하 장교들은 그의 정략적 결혼을 이해했습니다.

그런데 그 후의 나폴레옹의 행동이 사람들의 불신을 조장했습니다. 결혼식에서 열여덟 살의 아름다운 마리 루이즈를 보고 한눈에 반한 나폴레옹의 태도가 프랑스에 슬그머니 전해진 것입니다. 소문은 꼬리를 물면서 혁명의 지도자인 나폴레옹은 한순간에 추락한 왕의 이미지로 바뀌었습니다. 마리 루이즈는 혁명 초기의 마리 앙투아네트와 마찬가지로 오스트리아계 합스부르크 가문 출신으로 이름도 똑같은 '마리'였기에, 더욱 프랑스 국민의 반감을 샀습니다. 인심이 나폴레옹에게서 순식간에 멀어졌습니다.

그 즈음, 나폴레옹은 기고만장해서 주위 사람들의 충언을 듣지 않았다고 합니다. 마리에 대한 나폴레옹의 집착이 사람들을 실망시킨다고 간언한 측근들도 멀리했습니다. 장군인 뮐러, 참모인 탈레랑, 행정관인 푸셰 등은 나폴레옹의 곁을 떠났습니다. 어느새 나폴레옹은 벌거벗은 임금님이 되었습니다. 기반이 불안한 상황 속에서 나폴레옹은 러시아 원정을 감행합니다. 나폴레옹은 전쟁에서 승리만 하면 모든 불안정한 요소를 불식시킬 수 있다고 생각했습니다. 러시아 원정에 반대한 장교들이 많았지만, 나폴레옹은 귀를 기울이지 않고 그들을 멀리했습니다. 유능한 참모가 없는 상태에서 편성된 원정군은 모든 면에서 준비 부족이었고, 겨울철 장비와 식량도 충분하지 않았습니다. 한마디로 무모했습니다.

이런 상황을 알고 있던 러시아 군은 나폴레옹 군에 정면으로 맞서지 않고 지구전으로 끌고 갔습니다. 나폴레옹 군은 어찌 해볼 겨를도 없이 러시아의 가혹한 겨울이 찾아오자 철수할 수밖에 없었습니다. 러시아 군은 이 기회를 놓치지 않고 나폴레옹 군의 배후를 습격하여, 추격전을 전개했고 나폴레옹 군은 전멸했습니다.

나폴레옹의 운명이 다하면서, 그는 영국의 포로가 되었고 대서양의 쓸쓸한 섬인 세인트헬레나로 유배되어, 그곳에서 최후를 맞았습니다.

《국가는 왜 실패하는가 – 권력·번영·빈곤의 기원》 ————————————

정치경제학자인 대런 애쓰모글루, 제임스 로빈슨의 공저. 일부 사람들이 부를 독점하는 정치적 제도를 저자들은 '수탈적 제도'라고 부르고, 이 제도는 부의 분배를 요구하는 다수에 의해 필연적으로 붕괴된다고 설명합니다. 영국의 명예혁명, 프랑스의 혁명, 일본의 메이지유신을 사례로 들어 '수탈적 제도'의 붕괴가 제도적으로 어떻게 진행되는지 상세히 설명하고 있습니다.

프랑스,
영국

진원지 프랑스

19세기 전반의 유럽 정치는 프랑스가 진원지가 되어 크게 변동합니다. 프랑스 혁명을 거쳐 나폴레옹 시대에 이르기까지 프랑스의 동향은 유럽 정치의 핵심이었습니다. 19세기 전반의 프랑스 인구는 약 3천 500만 명으로 영국의 약 9백만 명, 독일의 약 8백만 명에 비하면 꽤 많았고 프랑스의 정치적 동향은 즉시 유럽 전역에 파급되면서 다른 나라에도 큰 영향을 끼쳤습니다.

다음 그래프(본서 218쪽 참조)는 프랑스의 정치 변천을 나타내는 것으로, 세로축에 우파=보수파·상류 계급, 좌파=공화파·하류계급의 동향을 표시했습니다. 프랑스 혁명이 진전되면서 정치 형태는 좌파로 흐르고 결국 자코뱅 정권의 극단적인 공화정치(제1공화국)에 이릅니다. 이

혼란을 수습하려고 나폴레옹이 등장했고, 부르주아 시민의 중간층을 기반으로 나폴레옹 제정(제1제정)이 성립되었습니다. 부르주아 계급은 왕실 귀족처럼 상류층도 아니고, 서민처럼 하류층도 아닌 중간에 위치한 이 시대의 견인 역할이었습니다. 원래는 균형이 잡힌 이 위치에서 정치가 안정되는 법이지만, 나폴레옹의 실각으로 왕정복고가 되면서 오히려 보수체제로 다시 돌아가 부르봉 왕조가 부활합니다. 나폴레옹이 몰락하고 혁명의 기운이 사라지면서 보수로 회귀하려는 빈 회의가 열리고 정통주의가 채택됩니다. 정통주의는 유럽을 프랑스 혁명전의 상태로 되돌리려는 복고주의를 일컫는 것으로, 이에 유럽 각국이 동조했습니다. 이처럼 각국의 보수 연대를 빈 체제라고 부릅니다. 빈 체제에 반대하는 신흥 부르주아·산업자본가들은 유럽 각지에서 자유주의 운동을 일으키지만 모두 가로막혔습니다.

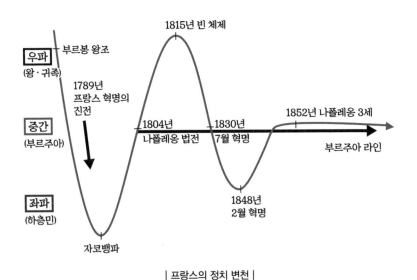

| 프랑스의 정치 변천 |

그러나 시대에 역행하는 정치는 오래 가지 못해 1830년, 프랑스에서 7월 혁명이 발생하고 부르주아 계급이 정권을 맡게 됩니다. 이 정권을 7월 왕정이라고 부르는데 오를레앙 가문의 루이 필리프가 국왕에 즉위함으로서 표면적으로는 왕정이지만, 실제로는 입헌군주정이었고 금융·은행업을 경영하는 대자본가 중심의 부르주아 정권이었습니다. 상업화를 추진하고 시장을 정비했지만, 오히려 '주주들의 정권'이라며 야유받았습니다.

부르주아 정권인 7월 왕정은 앞의 그래프처럼 부르주아 라인 상에 있고, 시대의 조류와도 부합해 장기안정적인 정권이 될 가능성이 높았지만, 일부 엘리트 부르주아에게만 이익이 쏠리는 바람에 중소자본가 등 대부분의 부르주아와 노동자의 반발을 불러 일으켰습니다.

이때 프랑스에서도 산업혁명이 급속하게 이루어지면서 중소자본가, 노동자 계급이 성장합니다. 그리고 7월 왕정에 불만을 품은 그들은 1848년, 2월 혁명을 일으킵니다.

부르주아 라인

중소자본가 대표, 노동자조합 대표가 2월 혁명 정부를 수립했고, 이것이 제2 공화정이 됩니다.

그들은 공화정, 보통선거 등을 추진했지만, 사람 수가 월등히 많은 노동자 파벌이 자주 횡포를 부렸습니다. 노동자 파벌은 실업자를 구제한다는 구실로 국립작업장을 설치하여, 노동자들에게 법에서 정한 액수보다 많은 임금을 지불하는 안건을 제시하는 등, 노동자의 태만과 추락을 자초함으로써 부르주아와 중간층 시민의 반감을 샀습니다.

노동자 파벌과 협조관계였던 중소 자본가들은 노동자 파벌을 무시하고 대자본가들과 결탁했습니다. 부르주아인 경영자들은 국립작업장 이외의 안건에서도 노동자 파벌과 이해관계가 대립했습니다.

이러한 상황 속에 치러진 총선거에서 노동자 파벌은 고립되고 참패했습니다. 분노한 노동자들은 파리에서 폭동(6월 폭동)을 일으킵니다. 대자본가와 중소자본가의 공동 세력이 이를 진압, 좌파 세력을 제거했습니다. 정권을 장악한 부르주아 자본가들은 12월, 나폴레옹의 조카인 루이 나폴레옹을 대통령으로 추대하고, 나폴레옹 시대의 영광을 프랑스 국민들의 감정에 호소함으로써 정권을 통합시켜 나갑니다.

나아가 부르주아 세력은 1852년, 루이 나폴레옹을 나폴레옹 3세 황제로 즉위시키고 제2 제정을 발족시켰습니다. 제정이라는 이름이 붙었지만 어디까지나 표면적이었고 실권은 부르주아 세력에게 있었습니다. 따라서 앞의 그래프(본서 218쪽 참조)처럼 이 정권은 부르주아 라인에 위치하면서 안정적인 부르주아 시대로 접어듭니다. 19세기 전반, 프랑스에서는 그래프처럼 우파와 좌파 사이를 정권이 왔다 갔다 하지만, 나폴레옹 시대 이후의 중심축은 부르주아 자유주의입니다.

나폴레옹 3세의 제2 제정에 의해 안정된 부르주아 정권이 확립되었고, 이후 중심축이 크게 흔들리는 경우는 없었습니다.

나폴레옹 3세의 제2 제정은 부르주아를 정권의 주요 기반으로 삼으면서도 농민, 노동자 등을 끌어들이려고 제반 복지 정책을 내놓습니다. 국내의 통일과 결속을 꾀하고 근대적 집권국가의 시스템을 구축하여, 국가가 주도하는 효율적인 자본이 철 공업에 투하되면서 경제가 크게 성장했습니다. 1855년, 파리의 만국박람회가 개최되면서 파리 시내는 오늘날의 모습으로 정비되었고 부르주아 시민주의 시대의 번영을 누립니다.

이렇듯 호경기 속에서 부르주아 산업자본가는 자신들의 비즈니스를 세계로 확대하려고 대외전쟁을 적극적으로 일으킵니다. 애로 (Arrow)호 사건에 개입해 중국 시장에, 이탈리아 통일 전쟁에 개입해 이탈리아 시장에, 인도차이나에 군대를 파견해 베트남·캄보디아 시장에 진출했고, 그 밖에도 멕시코 원정 등 해외시장 획득에 분주했습니다.

나폴레옹 3세는 부르주아 세력과 더불어 균형 잡힌 정치를 추진했지만 1870년, 프로이센-프랑스 전쟁으로 프로이센에 패하면서 재정이 붕괴됩니다. 같은 해, 제3 공화정이 발족되면서 부르주아 세력의 티에르가 수반으로 취임하고 의회제, 부르주아 민주주의를 추진합니다.

제3 공화정은 1940년, 나치의 파리 침공까지 계속됩니다. 전후인 1946년에 제4 공화정이 성립되었고, 1958년에 드골 대통령 취임과 더불어 제5 공화정이 성립되면서 오늘날에 이릅니다.

테메레르 전함의 최후

18세기, 영국에서는 산업혁명이라고 부르는 테크놀로지의 진화가 있었습니다.

'혁명'이라면 이노베이션처럼 급격한 변화가 일어난 것처럼 여겨지지만, 그 변화는 100년 동안에 걸쳐 오랜 기간 지속된 것으로, 기계공학의 개량·발명이 축적되면서 산업에 실천·응용되기에 이릅니다. 그 분야는 주로 면 공업·제철업인데, 동력원으로는 석탄증기력을 이용했습니다.

영국에서는 이미 16~17세기에 모직물을 수공업으로 생산하는 모델이 구축되어 있었는데, 보다 빠르고 저렴하면서도 대량으로 생산할 수 있는 효율적이고 자본 회전율이 좋은 새로운 모델이 요구되었습니다.

18세기에 영국은 해외식민화를 추진하면서 서인도 제도와 신대륙에서 생산되는 면화를 저렴하게 구할 수 있었습니다. 면화는 양털보다 질기고, 기계방적, 기계직포에 적합했습니다. 면화를 제품화시키려고 기계가 차례로 고안되면서 생산을 기계화시켰습니다. 18세기의 유럽 인구 증가로 인해 대량 생산된 제품의 커다란 구매층이 형성되면서 시장을 확충해나갔습니다.

18세기에서 19세기에는 제철업이 비약적으로 발전하면서 증기기관 동력을 이용한 철도, 증기선이 활발히 생산되었습니다. 영국을 비롯한 유럽 각국에 철도망이 깔리고 유통·수송의 개선이 급성장으로 이루어지면서 커다란 경제효과를 가져왔습니다. 증기선의 실용화는 풍력

범선처럼 계절에 따른 바람의 영향을 받지 않아 안정적인 원양해양을 가능하게 해주었고, 세계 각지의 시장을 연결해주었습니다.

다음 그림은 영국 화가인 윌리엄 터너의 작품으로, 산업혁명의 시대 변화를 상징적으로 그려내고 있습니다. 테메레르 전함은 영국이 1805년의 트라팔가 해전에서 나폴레옹의 프랑스 해군을 격파한 범선 형태의 영광스러운 군함입니다. 하지만 증기선의 개발로 구식이 되어 처분되었습니다. 새롭게 개발된 철제 증기선이 과거의 영광을 견인하는 풍경은 '옛날'에서 '지금'으로 바뀌는 세대교체를 이야기하고 있습니다.

(윌리엄 터너 작, 1838년, 런던 내셔널 갤러리 소장)

| 해체하려고, 최후의 정박지로 견인되는 전함 테메레르 호 |

영국, 비즈니스 모델의 전환

영국은 커다란 구조개혁의 필요성에 처합니다. 오늘날 TPP(환태평양경제동반자협정-역자 주)를 둘러싸고 여러 의견이 난무하지만, 19세기의 영국도 관세를 철폐하고 자유무역협정을 구축하느냐의 여부로 국론이 두 갈래가 되었습니다. 나폴레옹 전쟁 후에 영국에서 제정된 곡물법이라는 법이 있는데, 이는 프랑스, 러시아에서 들어오는 저렴하고 품질 좋은 밀가루에 높은 관세를 부가해 경쟁력이 약한 영국의 농업을 보호했던 법률이었습니다. 곡물법으로 보호받았던 사람들은 지주·귀족 등 방대한 농지를 소유한 농업경영자들이었습니다.

곡물법을 폐지해야 한다고 주장한 측은 상공업자·산업자본가들인 부르주아 계급으로, 농업을 과잉보호하지 말고 자유무역을 추진함으로써 영국산 공업품을 유럽 각국에 대량으로 팔려고 생각했습니다.

한편, 농업경영자들인 지주 계급은 당시 인구의 급격한 증가가 식량 위기를 초래한다고 주장하며 국내 식량생산을 확보해야 한다며 곡물법을 옹호했습니다. 인구 증가가 식량 생산을 웃돌면 기근이 발생하고, 기근이 발생하면 각 나라가 식량 수출을 제한할 것이며, 영국처럼 농업생산력이 약한 나라는 혼란에 빠질 것이라고 주장했습니다.

곡물법을 둘러싸고 의회는 격렬한 논쟁이 벌어졌습니다. 영국 의회의 특색은 2대 정당정치입니다. 우파인 보수당은 귀족·지주·대(大)부르주아를 지지 기반으로 삼습니다. 좌파인 자유당의 지지 기반은 중소 부르주아·노동자입니다. 곡물법 논쟁이 일었을 때의 정권 여당은 보수당으로 당 대표인 로버트 필이 수상이었습니다. 당시의 보수당은 결속력이 없었는데, 지주·귀족의 보수파와 부르주아의 혁신파로 갈리면서 파벌 싸움을 했기 때문입니다. 보수파인 벤저민 디스레일리는 지주의 기득권을 지키려고 혁신파인 로버트 필 수상에 대적합니다. 같은 당에 속해 있었지만 서로 물고 뜯는 논쟁이 지속되면서 의회는 갈팡질팡했습니다. 로버트 필은 급성장한 부르주아 계급의 의향을 무시할 수 없다고 여겼고, 보수당 분열의 위기를 감수하고 1846년 곡물법 폐지를 단행했습니다. 그 후 로버트 필은 보수파의 비난으로 수상 자리에서 쫓겨나 자신의 파벌을 데리고 자유당에 합류했습니다.

로버트 필의 현명한 판단으로 관세 철폐로 인한 무역의 자유화가 촉진되면서 영국의 공업 생산은 19세기 후반까지 확대되었고, 영국은 공업경제에 자본을 집중적으로 쏟아부으면서 세계 경제의 패권을 쥐

곡물법: 나폴레옹 이후, 1815년 제정

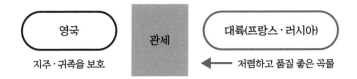

1846년 곡물법 폐지

★ 관세 철폐로 무역 자유화
  • 영국의 공산품 수출 확대를 꾀함
  • 농업경제에서 부르주아 주도의 공업경제로

반곡물법 주장: 코브던, 브라이트(부르주아 계급의 대표 의원)
내각: 보수당 필 내각

| 곡물법의 제정과 폐지 |

게 됩니다.

한편, 곡물법 폐지로 관세 보호를 받지 못하게 된 지주 계급 및 농업경영자는 타격을 받았지만, 경영개선에 힘썼습니다. 특히 새로운 작물심기 방법을 비롯해 비료, 농기구 등 각종 농업 기술이 개발되면서 농업생산은 그 양과 질이 모두 향상되었습니다. 영국은 과보호를 받던 시기에는 없었던, 새로운 시대의 농업경영 모델을 구축하는 데 성공했습니다.

외국선박의 영국 입항을 금지한 항해법은 17세기에 제정되었는데, 이에 따라 당시 네덜란드와 적대 관계였던 영국은 네덜란드 선박의 입항을 막았습니다. 그 후에도 항해법이 존속되면서 영국의 상사·상선에 특권을 주는 보호무역의 조항이 되었습니다.

또한 항해법에 각종 부대조항이 추가되면서 영국 국내의 일부 상사에만 무역할 수 있는 특권을 주었고, 특권을 부여받은 상사가 독점하는 바람에 다른 민간 상사는 무역에 뛰어들 수 없었습니다. 항해법은 부르주아들이 원하는 자유주의를 방해했고, 이미 시대에 뒤처진 법률이었습니다. 1849년, 자유당의 러셀 내각은 해양법을 폐지, 외국 상선의 영국 입항을 자유롭게 만들어줌으로써 세계 시장에 대한 문호를 개방했고 국내 민간 상사의 무역 참여도 허용했습니다.

곡물법, 항해법의 폐지 같은 자유주의 개혁의 바람을 타고 특권상사인 동인도회사도 해체 수순을 밟습니다. 동인도회사는 정부 출자의 공사이자 법인으로 주식의 대부분을 정부가 보유, 정부가 경영권을 쥐고 있던 특권상사입니다. 동인도회사가 무역독점권을 갖고 있어서 민간상사의 시장 참여는 점점 어려워지고 있었습니다. 이에 1813년, 동인도회사의 인도무역독점권을 폐지했고 1834년에 중국무역독점권도 폐지하면서 결국 1858년에 해체됩니다.

영국에서는 1832년의 제1회 선거법 개정 이후 수차례의 선거법 개정이 이루어지면서 자본가 부르주아, 노동자들에게도 참정권이 주어졌고, 다양하고 폭넓은 계층으로 구성된 의회정치가 확립되었습니다. 의회의 논의를 통해 이전의 보수 정책이 여러모로 잘못되었음을 솔직히 인정하고, 새로운 시대에 대응하기 위한 개혁을 차례로 내놓으면서 영국은 가장 선진적인 근대시민사회로 발전했습니다.

리카도 VS 멜서스, 곡물법을 둘러싼 논쟁

19세기의 곡물법을 둘러싸고 당시의 경제학자들도 격렬한 논쟁을 벌였습니다. 리카도는 자유주의 관점에서 보호주의인 곡물법을 폐지하라고 주장했고 한편 멜서스는 저서 《인구론》에서 인구의 급격한 증가에 대비해 국내농업을 보호해야 한다며 곡물법을 지지했습니다.

독일,
이탈리아

누가 리더인가

독일은 영국, 프랑스와는 달리 중세 이후에도 통일되지 않고, 프로이센·바이에른·작센·하노버 등 제후들이 각지에 군웅할거했습니다. 그 독일의 제후들 중에서도 프로이센은 18세기의 프리드리히 2세 시대에 약진하며 가장 강력한 힘을 갖습니다.

프로이센은 독일 동북부 토지의 척박한 땅이 영토였지만 융커(Junker)라고 불리는 대지주들이 대규모농장을 경영하면서 프랑스와 러시아처럼 비옥한 농업국과 경쟁했습니다. 18세기 후반에 척박한 토지에서도 자라는 감자를 조직적으로 재배하는 등, 농업 경영의 노력이 지속되었습니다. 또한 부유한 융커들 중에서도 상공업경영에 전력을 기울여 부르주아가 되는 사람도 많았습니다.

프리드리히 2세 시대의 후반에 해당하는 18세기 말에는 지주층 대부분이 어떤 형태든 상공업 경영에 투자하고 있었습니다. 당시의 프로이센 산업으로는 도자기를 비롯해 무기·탄약 생산, 탄광·철광 등 철 공업이 번창했습니다. 19세기가 되자 이들 프로이센의 산업은 영국에서 발명된 증기기관, 제철법을 받아들여 생산의 기계화, 공장의 대규모화를 추진했습니다. 이 시대에는 발명의 특허라는 개념이 없었기에 나쁘게 말하자면 누구나 쉽게 도용할 수 있었습니다. 프로이센의 기술자들은 영국 발명품을 제일 많이 도용했는데, 거기에 독자적으로 개량을 거듭해 공장 설비를 진보시켰습니다.

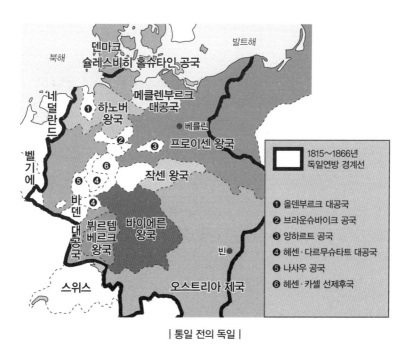

| 통일 전의 독일 |

대지주인 융커가 중심이 되어 근대공업화의 개발 투자가 가속되었고 1830년대에는 프로이센의 산업혁명이 본격화되면서 그 여파가 프로이센 주변의 작센, 하노버 등의 지역에도 파급되었습니다. 1834년, 독일 내 영토 사이에 관세동맹이 체결되고 그 결과 물류의 장벽이 허물어지면서 경제적 통일을 추진합니다.

경제적 통일에 이어 정치적 통일을 달성하려고 1848년, 독일 각 영토의 지식인들이 프랑크푸르트에 모여 국민회의를 개최했습니다. 이회의는 대학 교수·부르주아·귀족 등이 모인 비공식 지식인 회의에 불과하지만 독일 전체의 주목을 받았습니다. 논의의 초점은 독일 통일을 위한 리더를 프로이센으로 하느냐(소독일주의), 아니면 오스트리아로 하느냐(대독일주의)였습니다.

소독일주의는 부르주아 등 혁신파가 중심이었고, 대독일주의는 독일 남부의 바이에른 등 보수귀족이 중심이었습니다. 부르주아들은 공업화를 적극적으로 추진하는 프로이센의 방침을 지지했고, 지주인 보수 귀족은 자신의 기득권을 유지하려고 보수적인 합스부르크·오스트리아를 지지했습니다. 회의에서는 시대 조류에 적합한 프로이센 찬성파가 이겼습니다.

평화주의자 비스마르크

신시대파인 프로이센이 근대부르주아 국가를 구축하려면 오스트리아와 그 일족 즉, 보수의 구세력을 척결해야만 합니다. 프로이센의 재상 비스마르크는 그 구세력의 척결을 무력(철과 피)으로 해결하려는 '철혈 정책'을 취합니다.

비스마르크는 국회의원으로 독일의 통일을 군사력으로 실현시켜야 한다는 사고방식을 지니고 있었습니다. 프로이센 군부가 비스마르크 의원을 재상으로 강력히 추천해, 그 자리에 앉혔습니다. 군부의 권력이 커지는 것을 두려워한 의회는 처음에 비스마르크를 경계했지만, 비스마르크는 끈질긴 교섭으로 의회의 신임을 얻습니다. 비스마르크는 군사력 강화, 군제 개편을 차례로 해나가며 다가올 전쟁에 준비했습니다.

1868년, 프로이센-오스트리아 전쟁에서 프로이센은 독일 국내의 제후와 귀족인 보수 세력과 결탁한 오스트리아를 무찔렀습니다. 이 전쟁은 프로이센을 중심으로 부르주아 등 혁신 세력이 구세력을 척결하고 근대독일로 발전하는 혁명적인 계기를 만들어줍니다. 하지만 바이에른 등 남부 독일은 여전히 프로이센에 저항했습니다. 남부 독일은 오스트리아 대신에 프랑스와 결탁해서 프로이센에 대항합니다.

바이에른의 배후에 있는 프랑스를 쳐부수려고 1870년, 프로이센-프랑스 전쟁이 발생했고, 프랑스의 나폴레옹 3세를 이기고 프로이센이 승리했습니다. 프로이센은 프랑스의 영향력을 배제한 후 바이에른 등 남부 독일을 산하에 흡수하면서 1871년, 독일 제국을 세웠습니다. 비로소 프로이센을 중심축으로 한 독일 통일이 완성되었습니다.

비스마르크가 독일을 통일한 방법이 '철과 피'로 불리듯, 거칠고 호전적인 이미지가 있을지도 모릅니다. 하지만 실제로는 그렇지 않습니다.

프로이센이 주도하는 독일 통일에 저항한 제후와 귀족인 보수 세력을 직접적이고 무력적으로 제압할 수도 있었지만, 비스마르크는 그렇게 하지 않았습니다. 그들의 배후에 버티고 있는 외국 세력인 오스트리아, 프랑스를 쳐부수어서 독일의 보수 세력을 복종시켰습니다.

같은 독일인끼리 전쟁을 치르면 상흔이 깊어져 나중에 내전으로 비화될지도 모릅니다. 독일은 같은 독일인끼리 상처를 주지 않고 그 주위의 외국 세력과 전쟁함으로써 최종적으로 독일 통일로 향하는 합의를 이끌어냈습니다. 이것은 비스마르크의 탁월한 평화적 전략의 소산물이자 비스마르크라는 천재적인 재상을 만날 수 있었던 프로이센과 독일 전체의 행운이기도 했습니다.

적으로 돌리고 싶지 않은 남자

이탈리아는 독일과 마찬가지로 중세 이후 사분오열의 상태였는데, 사르데냐, 토스카나, 나폴리 같은 영토 세력과 베네치아, 밀라노, 피렌체 같은 각 도시의 독립 세력이 할거했습니다.

19세기 중반, 이탈리아 북서부의 사르데냐 왕국은 지리적으로 프랑스에 인접했기에 프랑스의 근대화, 공업화의 영향을 직접적으로 받아 다른 이탈리아 지역보다 빨리 공업화가 이루어지고 발전하여 이탈리아 통일을 추진할 리더로서 주목받았습니다.

19세기 초반 나폴레옹 전쟁 후, 북부 이탈리아(롬바르디아 지방)와 베네치아는 오스트리아에 지배당했습니다. 사르데냐 왕국은 19세기 중반 오스트리아의 북부 이탈리아 지배에 대항해 싸웠지만 패했습니다.

사르데냐 왕국의 배후에는 프랑스가 버티면서 오스트리아와 더불어 사르데냐 왕국에 압력을 행사했습니다. 프랑스와 오스트리아는 나폴레옹 전쟁 후 빈 체제에서 만나 보수끼리의 협조를 하고 있었습니다. 사르데냐 왕국은 그 중간에 낀 작은 나라로 옴짝달싹하지 못하는 처지였습니다. 그 상황을 타개하려던 인물이 사르데냐 왕국의 재상 카보우르였습니다.

카보우르는 지주귀족 출신으로 와인제조 같은 농업경영을 영위하면서 금융업, 철도건설업에도 투자해서 성공했습니다. 국회의원이 되면서 두각을 나타냈고 수상의 지위까지 올랐습니다.

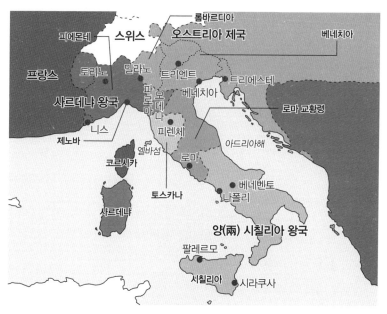

| 통일 전의 이탈리아 |

카보우르는 크림 전쟁에 참가했고, 오스트리아와 치를 전쟁에 대비해 프랑스의 나폴레옹 3세와 프롬비에르 밀약을 맺습니다. 오스트리아와의 전쟁에서 승리할 경우, 사보이아와 니스를 프랑스에 양도한다는 밀약으로 프랑스의 지지를 미리 확보해둡니다.

이 밀약이 만일 외부에 누설되면 사보이아와 니스의 주민들은 공황 상태에 빠져 사르데냐 왕국이 붕괴할 위험조차 있었습니다. 만일 그렇게 되면 카보우르의 목숨도 보장되지 않습니다. 자신들의 나라 일부를 외국에 양도한다면 매국노의 딱지가 붙어 국가반역죄가 적용될지도 모릅니다. 이런 위험을 카보우르는 혼자 짊어지고 나폴레옹 3세와 밀약을 맺었습니다. 카보우르는 이탈리아 통일이라는 커다란 성과를 내려면 다소의 희생은 어쩔 수 없다고 생각했습니다. 정치가 카보우르가 자신의 목숨을 걸고 내린 결단이었습니다.

또한 카보우르는 나폴레옹 3세의 성격을 잘 알고 있기에, 사보이아와 니스의 영토 양도가 나폴레옹 3세의 야심을 자극할 게 틀림없고, 반드시 그의 지원을 얻을 수 있다고 내다봤습니다.

1859년, 이탈리아 통일 전쟁에서 사르데냐 왕국은 프랑스의 지원을 받아 오스트리아를 물리칩니다. 사르데냐 왕국은 롬바르디아를 수중에 넣고, 더욱 전진해 중부 이탈리아도 굴복시킵니다. 이때, 남부에서는 의용군을 이끈 애국주의자 가리발디가 시칠리아 섬, 나폴리 왕국을 점령해 사르데냐 왕국에 바칩니다. 이들 남부 지역을 합해 1861년, 이탈리아 왕국이 세워졌습니다.

카보우르의 프롬비에르 밀약으로 프랑스와 오스트리아 사이에 맺어졌던 보수끼리의 협조가 깨지고, 이탈리아 통일 전쟁에서 양측은 서로 적대시했습니다. 이 보수 협조가 깨졌다는 의미는 대단히 커서 유럽 정치에 큰 파문을 일으키는 계기가 됩니다. 프로이센의 재상 비스마르크는 프랑스와 오스트리아의 협조가 깨지는 상황을 보고 1866년, 프로이센-오스트리아 전쟁으로 오스트리아를 칩니다. 나아가 1870년의 프로이센-프랑스 전쟁에서 프랑스도 칩니다. 이처럼 프로이센이 오스트리아와 프랑스를 개별 격파할 수 있었던 까닭은 카보우르가 프랑스와 맺은 밀약 때문이었습니다. 비스마르크는 카보우르를 '적으로 돌리고 싶지 않은 남자'라고 찬미했습니다.

1861년, 3월에 이탈리아 왕국이 건립되었고, 3개월 후인 6월에 카보우르는 말라리아에 걸려 사망했습니다.

이탈리아 왕국이 건립된 후에도 오스트리아는 베네치아를 사수했고, 프랑스도 로마 교황령을 사수하고 있었습니다. 이탈리아가 호시탐탐 기회를 엿보던 와중인 1866년, 프로이센-오스트리아 전쟁이 발발했고, 궁지에 몰린 오스트리아를 공격해 베네치아를 수중에 넣습니다. 이어 프로이센-프랑스 전쟁이 터지면서 역시 궁지에 몰린 프랑스를 공격해 로마 교황령을 점령하고 수도를 로마로 옮깁니다. 프로이센의 활약에 힘입어 이탈리아의 통일이 완성되었습니다.

개혁에는 성역이 없다

카보우르는 근대산업의 육성, 군대의 근대화를 비롯해 정치·관료기구개혁 등 모든 분야의 구조개혁을 단행했습니다. 그런데 유럽의 정치가에게는 개혁의 터부 대상이 있었는데 바로 수도원·교회 같은 이른바 '성역'이었습니다. 하지만 카보우르는 이러한 성역에 대한 보조금을 삭감하고 세금을 부과했으며, 통폐합을 실시함으로써 개혁을 단행했습니다. 그렇기에 국왕을 포함한 가톨릭 보수파의 분노와 원성을 샀습니다. 개혁에는 고통과 원성이 반드시 따릅니다.

아메리카

인구 급증이라는 폭탄

유럽에서는 18세기에 인구가 급증합니다. 그 최대 원인은 유아기의 사망률 저하였습니다. 과학·의료 기술이 발전하고 세균이라는 개념이 사람들에게 공유되면서 위생의식이 높아져 청결한 생활공간을 유지하게끔 되었습니다. 따라서 감염증으로 사망하는 유아의 비율이 뚝 떨어졌고, 인구 증가로 이어졌습니다. 또한 고금동서의 인구 증가에는 꼭 식량 증산이라는 배경이 있는데, 18세기의 유럽도 예외는 아니었습니다. 이 시대에는 경작·작물 심기 방법, 품종개량, 비료 기술의 비약적인 개량이 차례로 이어지면서 농업생산이 증가했습니다. 이른바 농업혁명이었습니다. 생산량의 증가에 비례해 인구도 증가했습니다.

다음 그래프(본서 237쪽 참조)처럼 유럽 각국에서 인구가 1.5~2.5배 증가했습니다.

급격한 인구 증가는 사회적 혼란을 가져옵니다. 거대한 신흥 인구 집단은 필연적으로 기득권의 혜택을 받지 못해 사회나 체제에 불만을 갖습니다. 그 불만은 파괴적인 에너지가 되어 체제를 전복시킬 힘도 갖습니다. 1789년의 프랑스 혁명은 이러한 인구 증가의 마그마가 원인이 된 폭발이었습니다.

영국도 프랑스와 마찬가지로 인구가 증가했습니다. 하지만 영국은 프랑스와는 달리 신흥 인구 집단이 국내에 머무르지 않았습니다. 영국의 상류 계급은 영국 국교회를 믿는데 반해 신흥 인구 집단의 대부분은 가난한 청교도였습니다. 종교적으로 핍박을 받았던 그들은 신천지를 찾아 미국 신대륙으로 이주했습니다. 또한 영국에는 프랑스처럼 농지가 풍부하지 않기에 외지로 생활할 양식을 구하러 가는 방법 이외는 없었습니다. 거기에 영국은 프랑스와의 식민지 쟁탈전에 승리하

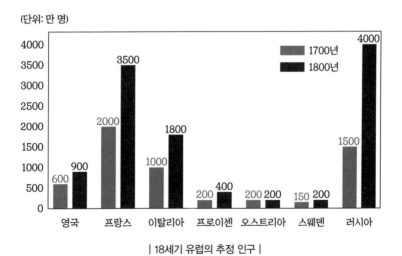

| 18세기 유럽의 추정 인구 |

면서 미국 신대륙을 지배하고 있었습니다. 18세기 초기부터 국가가 주도하는 각종 이주자 지원 프로그램이 생기면서 미국에 대한 개발 투자도 성행했습니다.

18세기 중반까지는 영국에서 미국으로 건너간 인구가 약 70만 명 정도로 추정되는데, 당시 18세기 중반의 영국 인구는 700만 명 정도 였기에 인구의 약 10%가 미국으로 건너갔다는 계산이 됩니다. 미국 현지에서 출생이 늘어나면서 1775년의 미국 독립혁명 때는 미국의 인 구가 300만 명(독일계 등을 포함)까지 증가했습니다.

영국의 입장에서는 미국 신대륙이야말로 증가하는 인구를 처리해 주는 좋은 구실이 되었고, 인구 집단의 빈곤함에서 비롯되는 불만의 에너지를 바깥으로 내보낼 수 있는 수단이기도 했습니다. 그들 빈곤 층이 신대륙을 개척하고 농산물 출하로 수익을 올리면, 그 풍부한 세 수입이 본국 영국에 흘러들어오는 구조였습니다. 영국은 미국 이주 민의 개척을 지원했지만, 마치 노예처럼 살리지도 죽이지도 않으면서 세금을 짜냈습니다. 미국 이주민들에게 부과되는 각종 중과세는 그들 을 무척 힘들게 했습니다.

하지만 결국 미국 이주민들은 본국의 지배에 저항하여 다 함께 분 기했고 1775년에 미국 독립혁명(독립전쟁)이 발발합니다. 미국 독립혁 명은 1789년의 프랑스 혁명과 거의 비슷한 시기에 일어났습니다. 이 두 혁명은 18세기의 인구 급증이 초래한 사회적 혼란과 그 폭발이라 는 점에서 공통 원인이 있습니다. 하지만 프랑스 혁명이 프랑스 내부 에서 발생한 폭발인 데 비해 미국 독립혁명은 영국에 대한 외부로부터의 폭발이라는 점이 다릅니다.

영국도 프랑스도 인구 급증이라는 폭탄을 18세기부터 안고 있기 시작했습니다. 영국은 이 폭탄을 미국이라는 외부로 내보내 폭발시킴으로써 본국에 중대한 피해를 초래하지 않도록 막아냈습니다. 프랑스는 그 폭탄을 내부에서 안은 채 국내에서 폭발시킴으로써, 프랑스 혁명이 일어났고 막대한 피해를 입었습니다.

이러한 관점에서 영국이 발생시킨 미국 독립혁명은 '외부적 혁명', 프랑스가 발생시킨 프랑스 혁명은 '내부적 혁명'이라고 정의할 수 있습니다.

미국의 독립혁명

미국 독립혁명 당시, 미국 인구는 300만 명에 이르러 커다란 세력을 형성했습니다. 그들은 일치단결했고 본국인 영국의 지배를 거부하며 다함께 저항했습니다. 당시, 미국 이주민들은 영국의 횡포에 저항했지만 어디까지나 저항의 모습을 보여준다는 소극적 생각이었지, '독립전쟁'이라는 거대한 이상과 목표를 지향한 게 아니었습니다. 그러다 영국의 행정 원조가 없어지면 살기 힘들어지는 게 아니냐고 주저하는 사람들도 있었습니다. 게다가 미국에는 영국과 상업·무역 거래를 하는 업자가 많아 영국과의 관계가 단절되면 불이익과 피해는 뻔한 일이었습니다.

그래서 1776년, 미국 측의 사상가인 토마스 페인은 《상식(Common

Sense)》이라는 책을 저술해 미국이 독립을 위해 싸울 필요성과 대의명분을 주장했고, 토마스 제퍼슨은 '독립선언'을 통해 이 싸움이 독립을 위한 것임을 사람들에게 호소했습니다. 이렇듯 순식간에 독립을 열망하는 기운이 높아지면서 영국과의 전쟁이 본격화되었고, 미국 측은 워싱턴의 지휘 아래 총력을 기울여 전쟁에 임했습니다.

전쟁을 치르면서 미국의 외교를 담당한 프랭클린은 식민지군이 우세하다고 유럽 각국에 교묘한 언질을 줌으로써 동맹국으로 끌어들입니다. 프랭클린은 100달러 지폐에 초상화가 그려져 있는 바로 그 인물입니다. 프랑스·스페인·네덜란드가 미국을 지지하면서 영국을 고립시키는 외교적 전략이 성공했습니다.

영국은 외교적 고립에 더해 미국 군의 게릴라 전술에도 골치를 썩였습니다. 미국군은 각지에서 자발적인 지원병으로 구성되었는데 각지의 이점을 활용해 양동작전을 펼쳐 영국군을 괴롭혔습니다.

이 시대의 미국에는 아직 행정기능이 집약된 중추적인 도시는 각지에 형성되지 않았기에 영국군은 공세의 타깃을 어디로 정할지 몰랐습니다. 미국군은 광활한 영역에 산재하면서 부분적 혹은 산발적으로 영국군을 기습 공격했습니다.

1781년, 요크타운의 전투로 미국 측의 승리가 확정되면서 1783년의 파리 조약에서 영국은 미국의 독립을 승인했습니다.

독립을 쟁취한 미국은 새로운 나라의 형태를 정하기 위해 헌법제정의회를 엽니다. 1787년, 합중국 헌법이 제정되고 초대 대통령으로 워싱턴이 선출되었습니다.

미국은 독립 후, 지주 계급들이 농업경제를 중심으로 국가를 운영합니다. 주력 상품 작물은 담배·면 등이었고 유럽으로 수출되었습니다. 남부 지역을 중심으로 대농장이 편성되고 서아프리카에서 온 흑인노예를 노동력으로 삼아 혹사시켰습니다.

이렇게 부유한 대지주들은 민주당을 조직해 커다란 정치적 권력을 갖게 되고, 제3대 토머스 제퍼슨 대통령 이래 역대 대통령을 배출했습니다.

아쉬운 시민혁명, 남북전쟁

19세기 중반 이후, 북부를 중심으로 미국에서도 공업화가 진전되었고, 북부의 상공업자(부르주아)는 공화당을 조직해 남부의 농업경영자(민주당 세력)에 대항했습니다.

양측은 무역협정을 두고 대립했습니다. 북부가 생산하는 공업제품은 영국 등 선진국의 공업제품에 비해 국제 경쟁력이 떨어졌기에 수입공업제품에 높은 관세를 부과함으로써 자국 제품을 보호하는 보호무역을 주장했습니다. 한편 남부가 생산하는 농산품은 국제경쟁력이 뛰어나기에 자유무역을 주장했습니다.

노예제를 둘러싼 대립도 있었습니다. 남부의 입장에서는 광활한 농지를 경작할 노동력인 노예가 필수입니다. 이에 북부는 남부의 후진성을 비판했습니다.

정치 시스템에 대해서도 대립했습니다. 북부는 연방정부에 의한 국가주도 형태의 중앙집권, 근대공업화를 주장한 데 비해 남부는 연방정부가 지방에 개입하는 것은 바람직하지 않기에 지주에 의한 지방분권, 봉건적인 보수정치를 주장했습니다.

북부에서 부르주아 상공업자가 출현하면서 1860년, 북부 대표인 링컨(공화당)이 대통령으로 당선되었습니다. 링컨이 부르주아적인 정책을 추진하자 남부의 농업경영자와의 대립이 극도로 치달으면서 결국 남북전쟁(1861~1865년)이 발발합니다. 전쟁 중인 1863년, 노예해방선언이 발표되면서 여론을 아군으로 끌어들였고, 북군이 게티즈버그 전투에서 승리함으로써 남북전쟁이 끝나고 합중국으로서의 남북통일이 이루어졌습니다.

남북전쟁은 부르주아가 지주 같은 구세력을 제압하고 미국의 근대공업화를 이루기 위해 필요한 전쟁이었습니다. 북부의 부르주아 세력이 승리하면서 미국은 근대공업국가로 변모합니다. 즉 남북전쟁은 영국, 프랑스의 근대 부르주아 혁명에 필적할 만한 것이었다고 말할 수 있습니다. 근대화를 이루는 과정에서 부르주아가 구세력인 지주 계급을 억누르면 사회적인 알력이 반드시 생깁니다. 영국에서는 그 알력이 의회에서 발생했기에 토론의 싸움으로 끝나 피 한 방울도 흘리지 않았습니다. 1846년의 곡물법 폐지 논의 때는 부르주아 지주 세력을 의회정치 안에서 패배시켰습니다. 독일은 1868년, 1870년의 오스트리아와 프랑스 전쟁에서 독일인끼리의 전쟁을 피하고 보수 세력의 배후에 있는 외국을 물리침으로써 국내의 보수층을 누르고 부르주아 공업자본화를 이루어냈습니다.

최악의 경우가 미국의 남북전쟁으로, 미국인끼리 서로 싸우고 죽이면서 60만 명의 사망자가 발생했습니다. 끝내 북부의 공업자본이 승리했지만 부르주아 혁명치고는 너무 희생이 컸습니다. 링컨을 비롯한 정치인들이 과연 남북전쟁이라는 최악의 내전을 강행하는 것 이외의 선택지는 없었을까, 의문을 가지지 않을 수 없습니다.

남북전쟁 후, 1869년에 대륙횡단철도가 개통되는 등 자본주의 공업화가 급속히 진행되고 남북전쟁의 후유증에 몸살을 앓으면서도 정치·경제의 사회구조가 새롭게 재편성되었습니다. 19세기 말, 부르주아 자본이 충분히 축적·확대되자 미국은 새로운 시장 개척을 위해 해외로 진출합니다.

미국의 대외적 진출

맥킨리 대통령은 1898년, 미국-스페인 전쟁을 일으켜 대항해 시대 이후로 스페인이 지배하고 있던 영역을 빼앗았습니다. 또한 카리브해, 라틴 아메리카, 필리핀, 괌 등 태평양 지역까지 진출했습니다. 맥킨리에 이어 대통령이 된 루스벨트는 카리브해, 라틴 아메리카의 지역에 대해 강압적 지배, 이른바 '곤봉외교'를 감행했습니다. 미국은 세계의 패권을 장악해나갑니다.

러시아

대국이면서 후진국

19세기, 유럽 각국에 산업혁명의 기운이 확산되면서 근대공업화가 진행되었지만, 러시아에서는 그러한 근대화가 거의 일어나지 않았습니다. 러시아는 우크라이나 지방을 중심으로 한 비옥한 농지지대의 혜택으로 귀족처럼 보수적인 지주 계급이 대규모 농장을 경영, 유럽 각국에 주로 밀가루를 대량으로 수출했습니다. 저렴하고 질이 좋은 러시아산 밀가루는 프랑스의 밀가루보다 경쟁력이 높아 유럽 각국에 대한 식량 공급지로서, 또한 유럽에서는 보기 드문 농업대국으로서 그 면모를 과시했습니다. 때문에 러시아는 후진국이면서도 국력 자체 는 꽤 강성했고 풍부한 식량사정을 배경으로 인구도 많아 영국과 패권을 다툴 만큼의 강대국이었습니다.

공교롭게도 러시아의 농업경제 성공이 보수지주·귀족을 윤택하게 해주고 강력한 권한을 부여했기에, 그것이 러시아의 근대공업화를 저해하는 최대의 요인이 되었습니다. 지주·귀족은 광활한 농장을 농노라고 부르는 소작인들에게 경작하게 했습니다. 지주·귀족은 풍부한 자금력으로 군대를 보유했고 인구 대부분을 차지하는 농노들은 무력에 의해 관리, 지배되었습니다.

농노들은 혹사당했고, 혹여 반란을 일으킬 불온한 기미가 조금이라도 엿보이면 본보기로 처형시키는 등, 중세봉건적인 사회풍토가 19세기에 들어서도 뿌리 깊게 남아 있었습니다.

낡은 봉건체질을 타파하려고 1861년 황제 알렉산드르 2세는 농노해방령을 공표하여, 지주·귀족 등 기득권계층을 해체하려고 했습니다. 알렉산드르 2세는 농노를 해방하고, 그 인력을 당시 성장 기미를 보이던 부르주아 공업자본의 노동력에 투입함으로써 러시아의 근대공업화를 촉진할 생각이었습니다. 하지만 지주·귀족들의 격렬한 저항에 부딪쳐 불발탄으로 끝납니다. 아무리 황제의 권력이라도 지주·귀족의 강력한 힘에는 상대가 되지 못해 결국 황제가 양보하는 형태가 되었습니다.

이후 러시아에서는 한동안 부르주아 자유주의 개혁이 일어나지 않고, 봉건적인 체제가 많이 남게 됩니다.

1870년대, 지식인 계급(인텔리겐치아)인 나로드니키(인민주의자)는 '인민을 위해!'라는 기치를 내걸고 학대받는 농노들에게 정치적 투쟁을 호소합니다. 하지만 지식인들의 설득은 정치적 의식을 지니고 있지 않는 농노들에게 이해받지 못했고, 실패로 끝났습니다.

1880년대에 들어와 러시아에서도 그제야 본격적인 근대공업화가 시작됩니다. 동방문제라는 영국과의 일련의 외교 다툼에 패배한 러시아는 스스로 후진성을 통감하고 개혁을 실시했습니다. 특히 외국자본, 기술을 적극적으로 받아들임으로써 1890년대에는 도시공장의 건설 붐이 일어나 공업생산량이 비약적으로 증가했습니다. 이 성장은 너무 급격해서 러시아의 도시 지역에 빈부격차, 인구밀집 등 사회적인 불균형을 초래했습니다. 이 불균형과 증가하는 도시 지역 노동자의 불만이 폭발하면서 나중에 러시아 혁명으로 이어집니다.

(참고: 러시아 내무성 중앙통계위원회 자료)

	1887년	1897년
기업 수(식품가공 제외)	6,520	10,273
노동자 수(연인원, 만 명)	110	175
생산총액(100만 루블)	1,106	2,298

| 19세기 말, 러시아 경제의 발전 |

새로운 바다로

19세기 초, 러시아는 나폴레옹을 격퇴하고 그 공적으로 폴란드 영유권을 유럽 각국으로부터 인정받습니다. 폴란드, 우크라이나, 볼가

강 유역의 남부 러시아 등 비옥한 농경지대에서 대규모 농장화가 진행되면서 품종개량, 경작 기술의 진화도 잇달아 러시아는 프랑스를 능가하는 농업대국이 되었습니다.

19세기 중반에는 중동 이란, 중앙아시아, 만주, 극동방면까지 영토를 확장해 아시아계 주민들을 지배함으로써 동세기 말에 인구가 1억 명을 넘었습니다. 동시대의 영국 인구가 2천 500만 명, 프랑스가 4천만 명 수준이었기에 러시아 인구가 얼마나 많았는지 알 수 있습니다. 인구 증가는 러시아 국력의 증강으로 이어져 영국과 패권을 놓고 겨루게 됩니다.

19세기 전반, 러시아는 해군을 정비해 식민지 획득에 나섭니다. 러시아 해군은 발트해 연안의 상트페테르부르크 항을 본거지로 삼았습니다. 이 항은 겨울에는 얼어붙기에 군함의 입출항이 불가능했습니다. 그래서 러시아는 부동항을 찾아 흑해를 향해 돌출한 크림 반도의 세바스트포리에 기지를 건설, 흑해함대를 편성했습니다. 흑해함대의 진출 루트는 흑해→지중해→대서양→인도 방면이 되었고, 이때 러시아는 오스만 제국의 영토인 보스포루스와 다르다넬스 양 해협을 반드시 통과해야만 합니다.

러시아는 오스만 제국에 '해협개방'을 요구합니다. 러시아의 목적은 영국이 지배하고 있던 인도 등 아시아 국가들이었습니다.

그러한 러시아의 동향을 경계한 영국은 러시아를 흑해에 가두어두려고 오스만 제국에 '해협폐쇄'를 요구합니다.

해협폐쇄를 주장하는 영국과 해협개방을 주장하는 러시아 사이의 분쟁은 반세기 동안 이어집니다. 이러한 일련의 분쟁을 동방문제라고

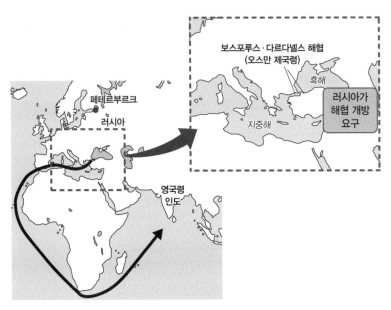

| 러시아 해군의 남하 정책 루트 |

부릅니다. 동방문제는 영국과 러시아의 대립을 축으로 다른 유럽 열
강, 오스만 제국의 주변 지역과 나라들을 끌어들여 복잡한 양상을 띱
니다.

이러한 상황 속에서 오스만 제국의 국력도 쇠퇴하면서 오스만 제국
으로부터 그리스·불가리아·세르비아 등 발칸 반도의 나라를 비롯해
이집트·시리아가 독립합니다. 영국은 오스만 제국의 국력이 쇠약해
지는 틈을 타 당근과 채찍의 정책을 교묘히 반복하면서 오스만 제국
을 회유했고, 해협폐쇄의 요구를 오스만 제국이 받아들이도록 함으로
써 러시아를 흑해에 가두어두었습니다.

열세에 놓인 러시아는 오스만 제국에 대한 직접적인 무력 행사와 더불어 영국의 영향을 배제하기 위해 크림 전쟁을 일으킵니다. 하지만 러시아는 영국의 교묘한 외교 정책으로 고립되면서 오스만 제국·영국·프랑스·오스트리아·사르데냐에 포위됩니다.

그 결과, 1856년의 파리 조약에서 보스포루스·다르다넬스 해협의 외국 군함통행 금지, 흑해의 중립화가 결정되고 러시아는 물러서게 됩니다.

전면전의 위기

크림 전쟁의 패배로 러시아는 보스포루스·다르다넬스 해협과 오스만 제국에 더 이상 손을 쓰지 못하고 대신 발칸 반도에 대한 영향력 확대를 노립니다. 불가리아·세르비아 등, 반도 내부에서 러시아 혈통인 슬라브 세력을 합세시켜 오스만 제국에 압력을 가합니다.

크림 전쟁의 패배로부터 20년 동안 발칸 반도의 나라들과 연계하면서 체제를 정비하는데 애쓴 러시아는 1877년, 러시아-투르크 전쟁을 일으킵니다. 투르크는 오스만 제국을 일컫는 것으로, 러시아는 영국이 나서기 전에 전격적으로 오스만 제국을 공격해 1878년, 산스테파노 조약을 체결했습니다.

이 조약으로 불가리아·루마니아·세르비아·몬테네그로 같은 슬라브 국가가 오스만 제국으로부터 독립합니다. 이들 독립국은 모두 러시아와 똑같은 슬라브 혈통으로 러시아의 영향 아래 놓입니다. 러시아는 다음 그림(본서 250쪽 참조)처럼 불가리아 영토를 대폭 확대할 것을 오스만 제국에 요구하여, 불가리아 영토를 에게해·지중해까지 뻗치게 함으로써 이 지역에 새롭게 러시아 해군 거점을 건설했습니다. 러시아는 보스포루스·다르다넬스 해협을 통과하지 않고도 지중해로 나갈 수 있었고 아시아에도 진출할 수 있는 길을 열었습니다.

| 산스테파노 조약 후, 발칸 반도 |

그러나 영국은 러시아에 대한 반발이 컸기에 러시아와의 전면전도 불사할 조짐이었습니다. 영국과 러시아의 대립을 진정시키려고 독일의 비스마르크는 스스로 '공정한 중개자'를 자처하며 베를린 회의를 주최합니다.

독일은 1871년에 제국으로 탄생한 직후라 부국강병에 전념하고 싶은 상황이었기에, 영국과 러시아가 전쟁을 벌이면 독일이 휘말리지 않을까 우려했습니다. 또한 독일은 프랑스를 패배시킴으로써 통일을 이룬 나라(본서 PART 3 참고)였기에 프랑스의 복수에 대비해 러시아와 동맹관계를 맺고 있었습니다.

영국이 러시아와 전면전을 펼친다면 독일은 영국의 공격을 받을 가능성조차 있었습니다. 그 경우 영국이 프랑스와 동맹을 맺을지도 모릅니다. 예상되는 사태를 피하려고 비스마르크는 영국과 러시아의 조정 역할을 자청했습니다. 한편, 러시아는 최강의 군사력을 자랑하는 영국과의 직접 대결에 실제로는 두려운 마음이 있었습니다. 러시아가 아무리 대국이라도 영국과는 비교 대상이 되기 힘든 후진국이었습니다. 그 점을 간파한 비스마르크는 러시아를 설득, 영국에 양보하도록 만들었습니다.

1878년, 베를린 조약으로 타협이 성립되고 전쟁이 방지됩니다. 베를린 조약의 내용은 산스테파노 조약의 파기와 더불어 루마니아·세르비아·몬테네그로의 독립은 러시아를 고려해 인정되었지만, 불가리아 영토의 축소가 결정되었습니다. 러시아는 불가리아를 경유해 에게해·지중해로 나가는 출구를 잃게 되고 다시 고립되었습니다. 영국의 격렬한 분노 앞에서 아무리 러시아라도 지중해로 나가는 출구를 포기할 수밖에 없었습니다.

이후, 러시아는 독일의 자금 원조 등으로 시베리아 철도 건설을 추진, 태평양으로 진출하는 새로운 방침을 펼치게 됩니다.

《예프게니 오네긴(Eugene Onegin)》

러시아의 문호 푸시킨의 작품. 주인공인 오네긴은 시골의 아름다운 자연을 동경하면서도 거기서 사는 가난한 사람들과 수준 낮은 문화가 싫어 우울한 생활을 보냅니다. 농노제 같은 러시아의 후진성을 걱정하면서도 막상 귀족주의를 내팽개치지는 못합니다. 모순과 분열에 고뇌하는 인간심리의 심층과 방황을 절묘한 운문으로 표현하고 있습니다.

제1차 세계대전까지의
국제 관계

승자의 기득권

19세기 후반, 영국은 그 경제패권을 신흥국인 독일, 미국에 뺏깁니다. 다음 그래프(본서 254쪽 참조)는 세계 공업생산의 점유율 추이를 나타낸 것인데, 1880년 이후 영국은 미국에 1위 자리를 내주고, 20세기에 접어들어서는 독일에게도 추월당합니다.

영국은 18세기부터 19세기에 걸쳐 산업혁명으로 가장 성공한 나라였지만, 그 성공 모델에만 안주하는 바람에 새로운 비즈니스 모델로 개혁하지 못하고 독일, 미국에 비해 산업구조의 전환이 늦었습니다.

19세기 후반, 영국의 공장설비와 기계는 이미 구식이 되었지만, 이후 과감한 설비 투자가 이루어지지 않아 생산력 향상에 한계를 드러냈습니다.

독일, 미국에서는 국가주도로 대규모의 공업설비투자가 이루어졌고, 각 산업 분야에 독점적인 거대 기업이 차례로 생기면서 국가경제를 앞서서 이끌어갔습니다.

특히 독일은 1871년의 독일 제국이 수립된 후, 비스마르크 재상이 각종 산업육성전략을 대담하고 참신한 방식으로 전개하면서 세제·보조금 제도의 확충과 더불어 고도의 경제성장을 이룹니다. 영국의 의회 정치에는 각자의 권리와 이익을 주장하는 바람에 몇 년 만에 겨우 합의된 성장전략구상이 독일 제국에서는 비스마르크의 강력한 리더십 아래 순식간에 이루어졌습니다.

'위로부터의 근대화'라고, 이러쿵저러쿵 말하기 어려운 강력한 리더십 덕분에 의사결정이 빨랐습니다.

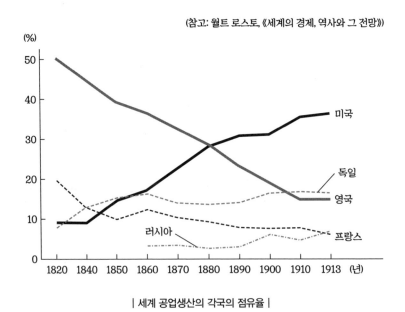

(참고: 월트 로스토, 《세계의 경제, 역사와 그 전망》)

| 세계 공업생산의 각국의 점유율 |

독일, 미국에서 '위로부터의 근대화'에 의해 탄생한 거대 기업이 철강·전기·화학 같은 산업 분야에서 약진하고 있을 때, 영국의 기업은 중소 영세기업이 난립했고 산업 구조의 재편성도 지지부진해 효율적인 설비투자도 제대로 할 수 없는 상태였습니다.

기업의 숫자는 유난히 많았지만, 그 대부분이 구식 수공업의 관습을 따르는 종업원 10명 이하의 기업이었습니다. 이들 영세사업주들이 정부, 지방에 각종 이권단체를 만들어 자신들의 기득권을 유지하려고 압력을 넣었기에, 정치적으로나 경제적으로 발전하는 데 큰 걸림돌이 되었습니다. 영국은 자유주의 사상을 빌미로 기득권을 쥔 산업 부르주아가 정치 권력을 너무 휘두른 결과, 사회가 경직되었습니다.

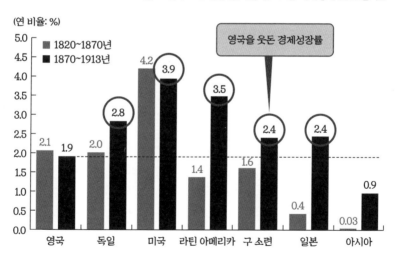

(참고: 앵거스 매디슨, 《경제통계로 보는 세계경제 2000년사》)

| 19세기의 세계의 실질 GDP 성장률 |

19세기 후반의 영국은 출생률 저하로 고민했습니다. 오늘날에도 고도성장을 이룬 선진국에서는 출생률 저하가 문제가 되는데, 당시의 영국도 마찬가지 상황이었습니다.

또한 영국의 국채는 세계에서 가장 신용이 높고 안정되어 있기에 이에 따른 영국의 저금리화가 진행되었습니다. 이 현상도 오늘날의 선진국에서 볼 수 있습니다. 가령, 신용이 높은 미국과 일본의 금리는 낮고, 저축액에도 거의 이자가 붙지 않습니다. 당시 영국은 저금리인 저축을 기피하고 고금리인 신흥국가·식민지에 대외 투자를 하려는 움직임이 활발했습니다. 영국 국내에서 돈이 빠져나가면서 파운드화의 약세가 가속되었습니다.

메가 뱅크 '4D'

19세기 말 독일은 금융 분야에서 독점이 이루어졌습니다. 독일 은행, 디스콘토 게젤샤프 은행, 드레스덴 은행, 달무슈타트 은행의 머리글자를 따서 '4D'라고 불리는 4대 거대은행이 탄생했습니다. 독일 전체 예금 총액의 절반 이상을 취급했기에 독점금융자본을 형성했습니다.

독일 우위의 구조

영국은 18세기에 인도를 식민지화했고, 19세기에는 아프리카, 동남 아시아도 식민지화했으며 이어 아편 전쟁으로 중국을 굴복시킨 후 반식민지로 만들어 지배합니다. 프랑스도 19세기에 아시아·아프리카에 진출, 영국에 뒤지지 않고 많은 식민지를 소유했습니다. 한편 독일은 식민지 획득 경쟁에 뒤져 아프리카 등지에 약간의 식민지만 가졌을 뿐, 영국과 프랑스에 한참 뒤처져 있었습니다. 하지만 식민지를 거의 소유하지 못했던 것이 독일에게는 다행이었습니다. 영국, 프랑스는 식민지인 아시아·아프리카로부터 면화와 염료 등의 원료를 조달받아, 이를 본국에서 공업 가공해 다시 식민지에 수출해서 이익을 얻는 국제분업체제가 이루어졌습니다.

이 국제분업체제는 제1차 산업 즉, 농산품의 가공을 주로 하는 경공업이 경제구조의 중심이었습니다. 이에 비해 독일의 산업은 대규모 철강·전기·화학의 중공업이 중심으로, 그 수출의 70%가 영국과 프랑스 같은 유럽 각국이 대상이었습니다. 독일의 중공업 생산품은 저

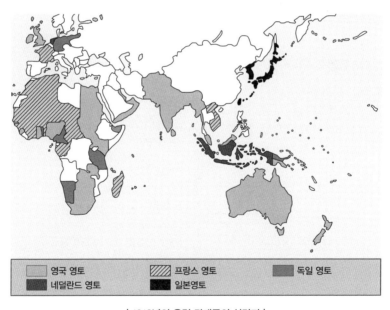

| 1912년의 유럽 강대국의 식민지 |

렴한 노동력에 뒷받침되어 조직적이고 합리적으로 생산되었기에 경쟁력이 있었습니다.

영국, 프랑스는 식민지를 대상으로 얻은 이익으로 독일의 중공업 생산품을 대량으로 구매해 산업 기반 시설 등 인프라에 충당했습니다. 중공업이라는 가장 이익률이 높은 부분을 독일이 장악한 구조가 형성되었습니다. 식민지 획득에 성공한 영국·프랑스는 오히려 그 성공 때문에 종래의 경공업 비즈니스 모델에 의존함으로써 거기서 탈피하지 못해 독일에 경제패권을 뺏깁니다.

또한 영국·프랑스가 오랫동안 투자 개발한 식민지 각국이 경제성장의 궤도에 오르자, 철도 부설 등 중공업의 수요를 낳았고, 여기에 독일이 부설권과 대규모 발주를 받아 거액의 이익을 올리곤 했습니다.

영국·프랑스로서는 독일의 산업자본이 화려한 성공을 거두는 모습을 기분 좋게 바라보았을 리가 만무했습니다. 양국의 독일에 대한 원망이 나중에 제1차 세계대전의 원인 중 하나가 됩니다.

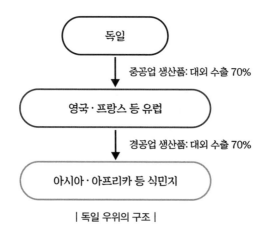

| 독일 우위의 구조 |

영국의 선택

1871년의 독일 제국 성립 이후, 독일은 재상인 비스마르크의 주도 아래 눈부시게 발전했습니다. 비스마르크는 교묘한 외교 정책을 전개함으로써 독일의 안전보장을 바위처럼 튼튼하게 만들었고, 국내 안정을 우선시하며 부국강병에 힘썼습니다. 하지만 독일의 산업자본이 급속히 성장하면서 보다 많은 이익을 찾아 그 자본이 외국으로 향하게 되자, 대외적인 알력을 빚게 됩니다.

비스마르크는 이웃 나라인 프랑스의 위협에 대처하려고 러시아와 동맹관계를 맺는 외교 정책을 폈습니다. 러시아도 아시아 진출이라는 관점에서 독일과의 동맹을 중요시했습니다. 독일과 러시아의 협조야말로 비스마르크가 펼친 외교의 괄목할 성과였지만, 독일의 산업자본이 아시아로 향할 조짐을 보이면서, 러시아와 마찰이 생기고 협조관계도 무너지기 시작합니다.

비스마르크 재상 시대의 독일 황제 빌헬름 1세가 죽자, 1888년에 손주인 빌헬름 2세가 즉위했고 산업자본의 세력에 못 이겨 세계 정책이라는 대외팽창 정책을 추진합니다. 비스마르크의 러시아 협조관계를 비판하고, 그를 재상 자리에서 끌어내렸습니다.

빌헬름 2세는 세계 정책의 일환으로 3B 정책이라는 해외진출 정책의 기치를 내걸고 베를린, 비잔티움(이스탄불), 바그다드로 진출해 서아시아 지배를 노립니다. 이 정책은 같은 지역을 노리는 영국과 러시아를 자극시킵니다.

오스트리아도 독일을 모방해 게르만인의 우월성을 주장하는 판 게르만(Pan-German)주의를 기치로 내걸고 발칸 반도, 러시아와의 대립을 초래합니다. 러시아는 독일과 오스트리아에 심한 반감을 갖고 프랑스에 접근해 1891년, 러시아-프랑스 동맹을 맺고 독일과 대적합니다.

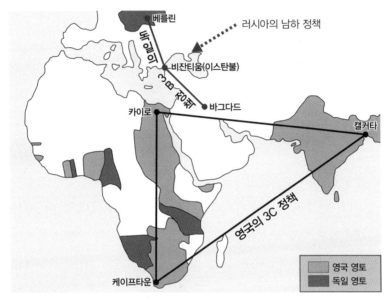

베를린

러시아의 남하 정책

비잔티움(이스탄불)

독일의 3B 정책

카이로

바그다드

캘커타

영국의 3C 정책

케이프타운

영국 영토
독일 영토

| 3B 정책과 3C 정책 |

러시아가 독일과의 관계를 끊고 프랑스와 동맹을 맺자, 독일·오스트리아 진영과 러시아·프랑스 진영이라는 커다란 두 세력이 생겼습니다. 영국은 19세기에 초강대국으로 세계에 군림하며 다른 나라와 동맹하지 않고도 초연했습니다. 그때의 영국은 '영광스러운 고립'이라고 평가받았습니다. 하지만 동세기 말에 접어들면서 앞서 언급한 바와 같이 영국의 패권에 그림자가 드리우기 시작하자, 초연한 자세를

고집할 수가 없게 되었고 '독일·오스트리아' 진영 혹은 '러시아·프랑스' 진영 어느 한쪽에 가담해야만 하는 중대한 결단에 쫓기게 되었습니다.

영국이 '영광스러운 고립'을 버리고 처음 손을 잡은 상대는 일본이었습니다. 1902년, 영국-일본 동맹이 체결됩니다. 일본은 1868년의 메이지 유신을 거쳐 근대화에 매진했습니다. 영국은 극동아시아에 진출하려는 러시아의 동향을 봉쇄하려고 일본을 지원할 생각이었습니다.

독일의 빌헬름 2세는 영국의 그러한 움직임을 환영했습니다. 빌헬름 2세는 비스마르크 시대에 유지되었던 러시아와의 동맹을 끊음으로써 영국이 독일의 편에 서줄 것을 기대했습니다. 영국이 일본과 손을 잡은 이유는 러시아를 경계해서였기에, 그런 점에서 보면 영국이 독일 진영에 합류할 것이라고 예측했습니다. 하지만 빌헬름 2세의 기대는 여지없이 빗나갔습니다.

물론 영국은 동방문제 등으로 러시아와 심히 대립했기에, 처음에는 독일을 지지하는 방향으로 기울었습니다. 또한 영국은 내친 김에 아시아·아프리카에 드넓은 식민지를 갖고 있는 프랑스의 영향력을 물리치려고, 독일과 손을 잡고 프랑스를 포위해 그 권리와 이익을 빼앗으려는 구상도 가지고 있었습니다.

그러나 독일의 눈부신 성장으로 인해, 러시아나 프랑스보다 독일을 경계해야 한다는 영국 국내의 의견이 대다수를 차지했습니다. 또한 1905년, 일본-러시아 전쟁에서 러시아가 패배하면서 러시아의 위협이 줄어들었기에 영국은 대놓고 독일을 적대시하게 됩니다. 독일의 대외확대 정책의 추진은 영국의 식민지 이익을 침해하기에 양국의 대립은 피할 수 없었습니다.

영국은 러시아·프랑스 진영에 가담, 3국 협정을 맺고 독일을 포위하게 됩니다. '영국·프랑스·러시아' 진영과 '독일·오스트리아' 진영이 격돌해, 1914년 제1차 세계대전이 발발합니다.

제1차 세계대전으로 영국, 프랑스는 경제대국이 된 미국으로부터 거액의 전쟁 비용을 빌렸습니다. 미국 측도 영국, 프랑스가 독일보다 우세한 입장이라고 판단해 개인·법인·국가에 이르기까지 자진해서 영국의 전쟁국채를 사주었습니다.

당시의 미국은 영국과 프랑스에 경제적인 지원을 했을 뿐 어디까지나 중립을 내세웠지만. 미국인의 양국에 대한 전쟁국채 투자가 예상을 뛰어 넘었습니다. 1917년, 러시아에서 혁명이 발생하면서 러시아 국내 상황이 혼란에 빠지자, 독일에게 유리한 상황이 되었고 미국인들은 동요했습니다. 만일 영국, 프랑스가 패배하면 빌려준 돈을 돌려받지 못하게 되고 미국은 커다란 경제적 타격을 입기 때문이었습니다. 미국의 윌슨 대통령은 독일의 무제한 잠수함 작전을 구실로 참전을 결정하게 되고, 독일과 오스트리아는 전쟁에서 패배합니다.

PART 6

현대

20세기, 고도로 발전한 경제기반은 세계 대공황으로 어이없이 무너지고
제2차 세계대전으로 치닫게 됩니다.
우리가 사는 이 세계의 기반이 과연 튼튼한지 아니면 연약한지를
현대사를 읽고 해석하면서 지금의 상황을 되돌아봅시다.

20세기에 에너지 혁명이 일어나면서 종래의 석탄이 기반이었던 에너지가 석유·전력의 에너지로 바뀌어 생산의 효율화·대량화를 앞당겼습니다. 여기에 19세기 이후의 과학 발전이 더해져 산업이 눈부시게 발전하고 사람들의 생활이 윤택해졌습니다.

20세기 초반에는 약 15억 명이었던 세계 인구가 제2차 세계대전이 끝난 후인 1950년에는 약 25억 명으로 증가했고, 동세기 말에는 약 60억 명에 이르렀습니다. 이처럼 20세기는 '민중의 시대'라고 정의할 수 있습니다.

제1차 세계대전에서 유럽은 황폐해졌고, 대신에 미국이 두각을 나타냅니다. 미국은 자본주의 번영을 구가하며 세계경제를 이끌었습니다.

제1차 세계대전 중인 1917년, 러시아제국에서는 사상 최초의 사회주의 혁명이 발생하면서 세계 최초의 사회주의국가인 소비에트 연방이 세워졌습니다.

제1차 세계대전 후인 1929년, 세계 대공황이 발생하면서 자본주의는 위기에 처합니다. 세계 대공황이라는 미증유의 불황과 경제 혼란 속에서 나치스 같은 파시즘이 나타납니다. 파시즘 국가가 된 독일, 일본 같은 추축국과 식민지 대국인 연합국 사이에 1939년, 제2차 세계대전이 발발했습니다.

제2차 세계대전 후에는 미국과 소련이 대립하며 '냉전'이라고 불리는 시대로 접어듭니다. 한편 유럽의 식민지 지배가 한계에 이르면서 각국이 잇달아 독립을 쟁취합니다. 하지만 독립한 아시아·아프리카의 나라들은 통치기구가 연약해 정책 수행의 실패가 잇따랐고, 거기에 기아와 내란에 휩쓸려 상당히 곤란한 상황에 직면했습니다.

1장

제1차 세계대전의
종결

이상주의자의 패배

제1차 세계대전 후, 파리 강화 회의가 개최되고 독일 등 패전국을 어떻게 재판하고 배상시킬지가 결정되었습니다. 독일에 대해서는 베르사유 조약, 오스트리아에 대해서는 생제르망 조약이 가결되었습니다. 베르사유 조약으로 독일은 해외식민지를 모두 포기했고, 프랑스-독일 국경 지역인 알자스 로렌느 지방을 프랑스에 양도했습니다. 군비제한, 배상금 지불의 의무 등도 부과되었습니다. 1921년에 배상금액이 1,320억 금마르크로 결정되었는데, 이는 당시 독일 국가예산의 무려 100년분 이상이라고 알려져 있습니다.

파리 강화 회의에서 미국의 윌슨 대통령은 주도권을 쥐고, 미국의 외교적 지위를 확립하려고 했습니다. 하지만 윌슨의 의도와는 달리 정치적인 치졸함 때문에 오히려 미국의 외교적 지위가 낮아지는 결과를 초래했습니다.

월슨은 '14개조'라는 고상한 이상주의를 내걸고, 파리 강화 회의에 내놓았습니다. 그중에 '민족자결의 원칙'이라는 조항이 있었고, 식민지 지배로 고통받는 모든 민족에게 독립의 희망을 안겨주었습니다.

한편, 광활한 식민지를 갖고 있던 영국·프랑스는 월슨의 의도를 잘 모르겠기에 불신을 품고 있었습니다. 월슨이 '민족자결의 원칙'을 내세워 영국·프랑스에 외교적 분쟁을 획책하는지도 몰랐습니다. 또한 미국은 제1차 세계대전 이후, 세계의 초강대국으로 성장했고 영국·프랑스를 적으로 돌려 패권 싸움을 할 수도 있는 국력도 갖추고 있었습니다.

하지만 막상 교섭의 테이블에 앉아보니, 월슨의 태도가 우유부단했습니다. 영국·프랑스도 그에게 적개심이 없다는 사실을 알고 난 후에는 단지 월슨 자신이 이상론을 말했을 뿐이라고 판단했습니다.

영국·프랑스는 독일에 대한 배상금 요구를 월슨으로 하여금 강력히 추진하도록 요구하고, 식민지 지배의 유지도 관철시켰습니다. 월슨의 외교교섭은 치졸하기 짝이 없어서 영국·프랑스는 원하는 대로 그를 조정했습니다.

'민족 자결의 원칙'은 인도·아프리카·아시아 각국에는 적용시키지 못했지만, 오스트리아의 지배를 받던 체코슬로바키아 등 동구권에는 적용되었습니다. 적용되었다 한들 영국·프랑스의 입장에서는 손실이 되지 않았기에, 양국도 이를 인정했습니다. 민족자결의 원칙이 동구권에만 인정되고, 다른 지역에는 인정되지 않았기에 중국·한국·인도·

이집트 등 아시아·아프리카 나라들의 심한 분노를 샀고, 각지에서 식민지 지배에 반대하는 크고 작은 봉기가 발생했습니다. 윌슨의 계획성 없는 이상주의가 혼란을 불러 일으켜 유혈사태로 번진 것입니다.

한편 제1차 세계대전 중인 1917년에 러시아제국에서 러시아 혁명이 발생하여 러시아 제정이 붕괴되었고 레닌이 소련(소비에트 사회주의 공화국 연방)을 수립했습니다. 레닌도 민족자결주의를 주장, 러시아로부터 폴란드·핀란드·에스토니아·라트비아·리투아니아의 독립을 인정했습니다. 윌슨과는 달리 레닌은 민족자결주의를 일정한 수준에서 실현시켰습니다.

또한 윌슨은 앞서 언급한 '14개조'의 일환으로 국제평화기구의 설립을 제창했습니다. 이를 토대로 1920년 국제연맹이 발족하지만, 미국은 국내 의회가 반대해 참여할 수 없었습니다. 이때 의회의 다수파는 공화당으로, 윌슨 대통령이 이끄는 민주당과 대립하고 있었습니다. 윌슨은 국제연맹 설립의 안건을 사전에 공화당과 조율하지도 않고 독단으로 추진했습니다. 공화당 의원들은 윌슨에 대한 반발이 심했고, 결국 국제연맹의 가맹을 의회가 부결시켰습니다.

일반적으로 이처럼 중요한 외교 안건은 여당이 야당에 대한 의회대책을 사전에 조율하면서 일을 추진하는데, 윌슨은 의회 운영에 소홀했고, 경시한 나머지 발목이 잡히고 말았습니다. 윌슨은 본디 정치인도 아니고 오랜 정치 경력도 없었습니다. 대학 교수로서 이상주의적인 발언을 하다 보니 대중의 인기를 얻어 뉴저지 주지사가 되었고 대통령까지 오른 인물입니다.

월슨의 외교 실패로 미국이 국제연맹에 참여할 수 없게 된 것을 기회 삼아, 영국·프랑스는 자신의 입맛에 맞게 국제연맹을 이용했습니다. 예를 들자면 국제연맹의 위탁으로 '통치를 청부받고 있다(위임통치)'는 허울 좋은 명분을 앞세워 영국·프랑스의 식민지 지배를 정당화시키는 데 국제연맹을 이용하기도 했습니다.

월슨이 애초에 구상했던 국제분쟁의 평화적 해결을 수행하는 기관이라는 국제연맹의 이상은, 영국·프랑스에 의해 비틀려지면서 그들의 이용하기 좋은 외교 수단이 되었습니다. 월슨을 비롯해 미국의 책임을 묻는 전 세계의 비난이 일면서 미국의 국제적 신용은 땅에 떨어졌습니다.

눈엣가시 일본

19세기, 영국은 강대해진 러시아와 줄곧 대립했습니다. 영국은 교묘한 외교 전술로 러시아의 발칸 반도 진출을 저지했습니다(본서 248~251쪽 참조). 저지받은 러시아는 총구의 방향을 바꾸어 시베리아 철도 경유로 동방에 진출합니다. 러시아의 이러한 움직임을 경계한 영국은 1902년, 일본과 영국-일본 동맹을 맺었습니다. 일본은 영국이라는 강력한 동맹군을 얻었고, 한국을 둘러싼 패권을 다투며 일본-러시아 전쟁을 일으킵니다.

1905년, 러시아에서 제1차 혁명이 일어나자, 러시아는 더 이상 전쟁을 계속하기가 어려워졌고 일본이 우위에 서면서 그해 포츠머스 회담에 미국 대통령인 루스벨트가 조정에 임합니다. 일본은 러시아로부터 배상금을 받아내지는 못했지만, 한국에 대한 지배권을 러시아로부터 인정받습니다. 미국의 루스벨트 대통령은 처음부터 끝까지 일본이 유리하도록 일본의 입장에서 러시아를 견제했습니다. 미국의 입장으로 볼 때, 태평양 지역에서 진짜 위협적인 상대는 일본이 아니라 강대국인 러시아였습니다. 포츠머스 회담에서 일본과 미국이 가까워지면서 '가쓰라-태프트 밀약'을 맺고 상호협력하기로 합니다. 이 밀약으로 일본은 한국의 지배권을, 미국은 필리핀의 지배권을 서로 인정합니다.

1917년에는 '이시이-랜싱 협정'을 맺고 일본과 미국이 중국의 권리를 나누는 데 합의했습니다. 일본은 영국, 미국과의 협조 관계를 구축하고, 그 외교적 지위를 안정시켰습니다.

그런데 제1차 세계대전 후, 러시아와 독일의 위협이 사라진 대신 이번에는 일본이 아시아·태평양 지역의 방해자가 됩니다.

미국의 하딩 대통령은 1921년, 워싱턴 회의를 개최해 아시아·태평양 지역의 전후 질서를 세우자고 결의하며 윌슨의 외교 실패로 인한 미국의 외교적 지위를 회복하려고 애썼습니다. 하딩은 윌슨과는 달리 냉정한 현실주의자로 강한 의지를 지닌 정치인이었습니다.

미국이 발언력을 높이려면 일종의 구심점이 필요했습니다. 가상 적국을 상정해 그 위협을 부각시킴으로써 미국은 다른 나라를 끌어들일 수 있었습니다. 표적이 된 일본은 제1차 세계대전 후, 중국에 대한 지배를 강화하는 한편 아시아 지역에서 큰 존재감을 과시하고 있었습니다. 미국의 입장뿐 아니라 영국 등 유럽 열강의 입장에서도 일본이라는 신흥 세력은 눈엣가시 같은 존재였습니다.

일본은 워싱턴 회의에서 고립되었고, 미국·영국과 적대하기 시작합니다. 이 고립이야말로 나중에 일본이 태평양전쟁에 돌입하여 파멸하는 출발점이자 원인이 되었습니다. 한편 미국은 '워싱턴 체제'라는 아시아의 질서를 주도하려는 새로운 구상을 구축하는 데 성공하여 외교적 지위를 회복했습니다.

미국 자본의 혜택을 받은 독일

제1차 세계대전 후, 독일은 민주적인 바이마르 헌법을 만들었기에 바이마르 공화국이라고 부릅니다. 영국, 프랑스에 거액의 전쟁 배상금을 빚진 독일 정부는, 과연 그 금액을 갚을 능력이 되는지 의문시되었습니다. 국가신용이 바닥에 떨어지고, 독일 화폐는 종잇조각과 마찬가지였으며 물가가 무려 1조 배나 급상승하는 등 극단적인 인플레가 발생해 독일 경제는 파탄했습니다.

1923년 수상에 취임한 슈트레제만은 신지폐인 렌텐마르크를 발행합니다. 이전의 마르크는 '정부의 신용'이라는 실체가 없는 것에 의해 보증되었지만, 렌텐마르크는 '독일의 토지부동산'이라는 실체에 의해 보증되었기에, 이 신지폐는 신용을 얻어 인플레가 수습됩니다(렌텐은 땅값을 의미함).

1924년 이후, 미국의 찰스 도즈 대통령은 독일의 경제 재건을 위해 정부위원회를 조직하고 달러 자본을 독일에 대규모로 투입합니다. 독일 화폐와 달러를 연동시켜 안정화를 꾀하려고 임시적인 렌텐마르크를 영속적인 라이히스마르크로 전환시킴으로써, 독일 화폐의 가치가 보증되었습니다. 찰스 도즈 대통령이 주도한 달러 자본 투입은 독일 경제를 미국 자본 아래 두려는 목적도 있었기에, 독일 경제가 회복 기미를 보이면서 자금을 투자한 증권회사 같은 미국 자본은 거액의 이익을 취했습니다.

하지만 1929년에 세계 대공황이 발생하자, 독일에 투입된 달러 자본이 급격히 회수되면서 독일 경제는 제일 먼저 큰 타격을 받았습니다. 미국 자본으로 버틴 독일 경제는 미국 자본의 철수로 붕괴되었습니다. 바이마르 공화국은 채무불이행 국가가 되었고, 폭동이 빈발하게 발생하면서 독일은 대혼란에 빠졌습니다.

이러한 독일의 대혼란을 수습한 사람이 아돌프 히틀러입니다.

할마르 샤흐트

렌텐마르크 정책을 지휘, 중앙은행의 총재가 된 인물. 할마르 샤흐트는 재정기준과 그 규칙을 명확히 함으로써 렌텐마르크를 독일의 토지 자산과 연동시켰고, 그 자산 가치를 넘는 화폐 발행은 허용하지 않았습니다. 이에 렌텐마르크가 신용을 얻어 인플레가 수습됩니다. 나중에 그는 히틀러에게 치우쳐 나치스 정권의 경제 정책의 핵심을 맡았고, 공황에 허덕이는 독일 경제를 능숙한 재정 정책으로 구했습니다.

러시아 혁명과 그 이후

제1차 세계대전에 러시아가 참전하면서 국력이 현저히 쇠약해졌고 국민들의 분노가 정점에 달해, 전쟁 중인 1917년에 러시아 혁명이 일어났습니다.

러시아 제국의 수도인 페트로그라드(상트페테르부르크)의 노동자 파업을 계기로 각지에서 제국 타도의 기운이 들끓었습니다. 전쟁에 염증을 느끼고 있던 병사들이 여기에 가담해 각 정부기관과 궁정을 제압했고, 황제 니콜라이 2세를 퇴위시켰습니다. 300년 간 이어졌던 로마노프 왕조가 눈 깜짝할 새에 붕괴되었습니다.

그 후, 즉시 혁명임시정부가 들어서지만, 부르주아 자본가 등 부유한 시민층을 중심으로 구성된 임시정부에 병사들은 따르지 않았습니다. 병사들은 소비에트(노동자와 병사의 평의회)를 조직, 임시정부에 대항합니다. 임시정부는 전쟁을 계속하자고 주장했지만, 소비에트는 이에 반대했고 임시정부는 병사들을 탄압함으로써 양측의 대립이 심해졌습니다.

혁명가 레닌은 1917년 4월, '4월 테제'를 발표하면서 '즉각적인 전쟁 중지'와 '모든 권력은 소비에트에게'라고 주장하며, 임시정부와 대결하는 소비에트 병사들의 입장이 되어주었습니다. 소비에트 병사들은 레닌의 주장에 공감했고, 레닌이 이끄는 11월 혁명을 일으켜 임시정부를 타도하여 레닌·소비에트 정권이 발족합니다.

레닌은 즉시 개혁적인 정책을 실행했습니다. '토지에 관한 포고령'으로 귀족 등 지주의 소유지를 몰수해서 민중에게 배분함으로써 특권 계급을 말살하겠다는 혁명의 목표를 순식간에 이룹니다. 대외적으로는 '평화에 관한 포고령'을 내려 민족자결, 무병합·무배상의 원칙을 내세우고 제국주의 나라들을 비판합니다. 또한 '즉각 전쟁 중지'의 약속대로 독일과 강화조약을 맺고 전쟁을 종결시킵니다. 레닌 정권은 1922년, 소비에트 사회주의 연방공화국(소련)을 세웁니다.

레닌은 후계자를 따로 지명하지 않고 1924년에 병으로 죽었습니다. 교묘한 당파전략을 이용해 후계자 다툼에서 이긴 것은 스탈린이었고, 이후 스탈린의 독재가 시작됩니다.

스탈린은 사회주의건설을 착착 진행하며 '제1차 5개년 계획'이라고 부르는 사회주의 계획경제를 단행합니다. 이 기간 중인 1929년에 세계 대공황이 발생하면서 열강 자본주의 나라의 경제가 크게 후퇴했습니다. 이는 과잉투자, 거품경제의 연쇄 붕괴였지만 공산주의의 계획경제를 취한 소련 경제는 다음 그래프(본서 275쪽 참조)처럼 거의 영향을 받지 않았습니다. 세계경제의 후퇴 속에서 '제1차 5개년 계획'은 성공했고, 스탈린의 권력이 강해지면서 독재체제도 강화됩니다. 스탈린에 반대하는 세력은 숙청(처형)되었고, 그 희생자는 수백만 명에 이른다고 추산됩니다.

자본주의 경제권의 후퇴는 소련의 경제력을 상대적으로 끌어올렸기에, 스탈린은 사회경제 정책이야말로 '유효성'이 있다고 강조했습니다.

하지만 그 후, 1939년에 발발한 제2차 세계대전이라는 전시특별수요라는 경제기를 거쳐 자본주의 나라의 경제가 부활했고, 제2차 세계대전이 종결된 1945년 이후에는 자본주의가 약진한 반면 공산주의 계획경제의 한계가 명확히 드러납니다.

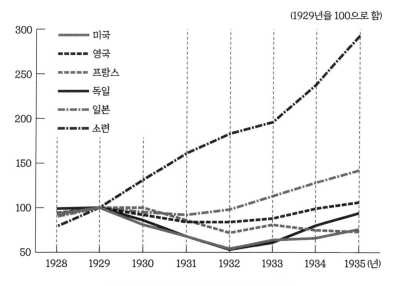

(1929년을 100으로 함)

| 세계 대공황 시기의 각국 공업 생산의 추이 |

세계
대공황

거품의 붕괴

2008년에 발생한 리먼 쇼크 당시, 주식으로 큰 손해를 본 사람이 많았습니다. 그때 다우 평균 지수는 약 40%가 떨어졌고, 미국의 실업률은 10%에 달해 세계경제가 대혼란에 빠졌습니다.

1929년의 세계 대공황은 리먼 쇼크에 비할 바가 아니었습니다. 다우 평균 지수가 약 90%까지 떨어졌고, 실업률은 25%에 달했습니다. 월가의 투자자들은 주식 폭락으로 막대한 손실을 입고, 연이어 고층 빌딩에서 뛰어내려 자살했습니다. 지금도 '암흑의 목요일'이라고 불리는 1929년 10월 24일의 주가폭락은 세계경제를 마비시켰습니다.

왜 이런 경제 쇼크가 일어났을까요. 한마디로 거품이 터졌기 때문입니다.

세계 대공황이 발생하기 전의 미국은 달러를 대량으로 인쇄·공급해 달러의 양을 확대하는 인플레 정책을 취했습니다. 돈은 주식시장, 부동산에 흘러들었고 주가와 부동산 가격이 비상식적으로 폭등했습니다. 하지만 투자가 과열되는 한편으로 실수요는 정체되었고 생산 공급은 과잉되어, 라디오나 자동차 등을 너무 많이 만들었기에 재고가 넘쳐 제품이 팔리지 않게 되었습니다.

주식과 부동산만이 폭등하고, 실수요가 없고 실물경제가 정체된 1920년대의 미국은 거품 경제의 전형이었습니다. 투기만이 성행하고, 실물경제의 성장이 동반되지 않는 거품경제는 반드시 터집니다.

미국은 강력한 경제력을 배경으로 제1차 세계대전 중에 달러 자본을 유럽에 대량으로 투입했습니다. 제1차 세계대전 중에 동맹국인 영국·프랑스에 전쟁비용을 빌려주고, 전후에는 패전국인 독일의 재건을 위해 달러 자본을 빌려주었습니다. 다음 그림(본서 278쪽 참조)처럼 독일의 재건이 진행되면서 독일은 영국·프랑스에 배상금을 지불했고, 배상금을 받은 영국·프랑스는 전쟁비용의 빚을 미국에 갚음으로써 유럽에 뿌려진 달러가 미국에 되돌아오는 흐름이었습니다. 미국에 되돌아온 대량의 달러가 거품경제를 부추겼습니다.

1929년, 거품이 터지면서 대공황이 시작되었습니다. 거품경제에 대한 대처법은 터지기 전과 터진 후의 처리가 다릅니다.

터지기 전의 대처법으로는 금융을 규제하고, 달러의 양을 줄여 거품이 급격히 빠지는 것을 방지하면서 팽창한 거품의 가스를 빼는 게 필요합니다. 한편 거품이 터진 후에는 금융 완화를 실시해서 달러의 양을 늘리는 게 필요합니다. 인체에 비유하자면 거품 붕괴는 출혈과

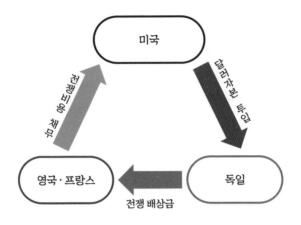

| 제1차 세계대전 후 국제 금융의 흐름 |

다로 마비된 상태이기에 충분한 혈액을 공급할 것 즉, 경제의 혈액에 해당하는 돈을 시장에 충분히 공급해야만 합니다.

2008년의 리먼 쇼크 이후, 대규모의 금융 완화가 실시되면서 충분한 달러의 양이 시중에 공급되었기에 빠른 기간 안에 위기 탈출할 수 있었습니다. 그렇다면 1929년도의 대공황에서도 금융 완화가 이루어졌을까요.

대공황 발생 당시의 미국 대통령은 공화당의 후버였는데, 후버 정권은 금융완화를 실시하기는커녕 오히려 금융을 규제했습니다. 금리수준을 유지하고 은행법을 엄격히 제한해, 투자를 억제시켰습니다.

또한 후버는 대외경제의 정책으로 1931년, 후버모라토리엄을 선언하며 독일의 배상금과 영국·프랑스의 전쟁비용 채무에 대한 집행유예를 결정했습니다. 이로 인해 후버는 미국 국내로 되돌아오는 달러를 막으면서 동시에 달러의 양을 줄일 의도였습니다.

거품이 터진 후에는 돈이라는 혈액을 충분히 시장에 공급해야 하는데, 후버는 왜 금융을 규제했을까요.

다우 존스 사

1882년, 찰스 다우, 에드워드 존스 등에 의해 설립된 신문출판사. 월가의 투자관계자를 대상으로 발간된 '월 스트리트 저널'로 성공했습니다. 또한 동사는 미국 주식의 평균지수인 '다우 존스 산업평균주가'를 고안했습니다. 찰스 다우는 다우 이론을 바탕으로 오늘날에도 투자자들이 이용하는 주가의 기술적인 분석, 금융적인 분석 방법을 많이 고안했습니다.

후버 대통령의 금본위제

교과서나 일반적인 개론서는 후버가 '무위·무책'이었다고 평가하고 있습니다. '무능'이라고까지는 쓰여 있진 않지만 그런 뉘앙스가 포함되어 있습니다. 정말 그럴까요. 그렇다면 당시의 세계 금융 구조를 살펴보겠습니다.

지폐는 본디 종이에 불과합니다. 그 종이를 금(골드)로 교환 가능하도록 보증함으로써 종이인 지폐는 금과 똑같은 가치를 지니게 됩니다. 이처럼 지폐와 금을 교환가능하게 만들고, 연동시키는 것을 금본위제라고 하는데 당시의 선진각국은 이 제도를 채용했습니다.

금본위제가 정상이면 국제환율거래가 안정적으로 이루어집니다. 가령, 1달러가 1밀리그램의 금과 교환 가능하고, 1파운드가 2밀리그램의 금과 교환 가능하다면, 달러와 파운드의 교환 비율은 1:2가 됩니다. 또한 비율은 고정적이라 변동이 없습니다. 이 교환 비율을 토대로 달러와 파운드의 환율 거래를 할 수 있습니다. 즉, 금이 각국 화폐의 공통 기준이기에 원활한 국제결제가 가능합니다.

세계 대공황으로 미국 경제의 신용이 실추해 사람들이 달러에 대한 불신감으로 달러와 금을 교환하게 되면 정부의 금 보유량이 줄어듭니다. 금의 유출량을 막으려면 1920년대부터 팽창한 달러의 공급량을 줄이고, 달러를 희소가치로 만들어 달러의 가치를 유지시켜야만 합니다. 그렇지 않으면 금본위제가 파탄 나, 국제결제가 즉시 정체되어 세계경제의 혼란을 일으킬 게 뻔했습니다.

후버 대통령은 금본위제의 유지와 국제적인 협조를 정책의 최우선으로 삼았기에 금융을 규제하고 달러의 공급량을 줄였던 것입니다.

대공황의 발생으로 미국은 출혈과다의 빈사 상태였기에 수혈이 필요했습니다. 즉, 금융 완화를 실시하고 돈을 시장에 풀어 자국의 경제를 살려내는 게 기본적인 대응책이었지만, 후버는 금본위제를 지키려고 금융완화를 실시하지 않았습니다. 그 결과, 미국 경제는 점점 악화되었고, 리먼 쇼크 발생 당시의 FRB(미국 연방 준비제도 이사회)의장이었던 벤 버냉키는 당시의 금융 정책을 거세게 비판했습니다.

하지만 당시의 세계 대공황 상황 속에서 금융 완화를 실시했다면 금본위제가 파탄나면서 그 여파가 세계경제에 미치는 영향은 꽤 컸을 것이라고 주장하는 경제학자도 있습니다. 지금도 의견이 갈리기 때문에 이렇다 할 확실한 대답은 없습니다.

후버의 금본위제 방어 노력으로 대공황 발생 후에도 세계경제의 질서는 유지되었지만, 그 다음 대통령인 루스벨트는 금본위제를 포기했기에, 그 질서가 무너지고 세계 경제가 대혼란에 빠집니다.

작은 정부 VS 큰 정부

'작은 정부'와 '큰 정부'라는 표현이 있습니다. '작은 정부'는 공공복지 등 정부지출을 억제, 정부재정의 역할을 축소시키는 것이고, '큰 정부'는 공공복지에 대한 정부지출을 확충, 정부재정의 역할을 확대시키는 것입니다. '큰 정부'는 복지 정책으로 사회적 약자를 구제하려는 입장에서 자유주의적인 좌파라고 말할 수 있고, '작은 정부'는 그 반대인 우파입니다.

미국 정당에 비유하자면 우파인 '작은 정부'의 사고방식을 내세우는 정당은 공화당이고, 좌파인 '큰 정부'를 내세우는 정당은 민주당입니다. 세계 대공황 시기나 현재도 양당의 이러한 균형은 변하지 않습니다. 일본의 정당은 한마디로 말하기 어렵지만 '작은 정부'는 자민당, '큰 정부'는 민주당일 것입니다.

미국의 공화당은 재정을 긴축하고 민간 주도의 경제를 추진하는 애덤 스미스 같은 고전파 경제학자가 주장한 자유주의를 대원칙으로 삼습니다. 한편 미국의 민주당은 시장원리주의로서의 자유주의와는 거리를 두고, 경제위기 시에는 특히 정부가 적극적으로 재정을 지출해 시장에 개입, 위기에 대한 조치를 강구해야 한다고 여깁니다.

세계 대공황에 대해 어떻게 대처할지를 두고 미국의 국론은 두 갈래로 나뉘었습니다.

큰 정부를 내세우는 민주당이 주장한 구체적인 위기 대응 조치는 케인스 경제 정책이라고 불립니다. 후버 정권에 의한 자유주의적 정책을 비판한 영국의 경제학자 존 메이너드 케인스는 대공황 발생 이전인 1926년에《자유방임의 종언》을 저술, 고전파 경제학을 강하게 비판했습니다. 1930년의《화폐론》에서는 대공황 같은 불황 속에서 경제를 어떻게 구제할 것인지에 관한 경제 정책론을 펼쳤습니다. 이는 1933년부터 시작된 루스벨트 대통령의 뉴딜 정책의 논리에 근거를 제공했고, 1936년에 간행된 케인스의 대표작인《고용·이자 및 화폐의 일반이론》에서 대집성되었습니다.

케인스의 경제 정책은 정부주도의 확산재정(=큰 정부)으로 약해진 경제를 구제하려는 것이었습니다. 정부는 재정을 확대 지출해, 도로나 항만 같은 공공사업을 펼쳐 실업자를 구제합니다. 이에 따라 실업률을 감소시킬 수 있고, 고용된 노동자는 급여를 받아 그것을 소비에 충당할 수 있습니다. 소비가 활성화되면 경제전체가 활기를 띠어 세금 수입이 많아지면서 확대 지출된 정부 재정을 보전할 수 있습니다(본서

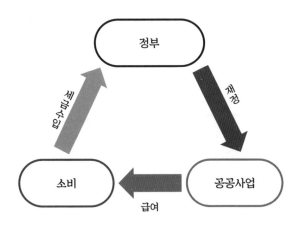

| 케인스 경제 정책(유효수요 정책) |

282쪽 그림 참조).

케인스의 이와 같은 순환 사이클 모델을 유효수요 정책이라고 합니다. 불황 속에서 수요가 급감하고 소비가 얼어붙으면 정부가 적극적으로 재정을 지출함으로써 '유효수효'를 창출, 경기부양책을 정책적으로 추진해야 한다는 것이지요. 실제로 미국의 뉴딜 정책에서는 테네시 강 유역 개발공사(TVA)가 설립되고, 댐 건설 등 각종 공공사업이 추진되었습니다. 케인스는 공공사업의 실속 여부는 차치하고 "구멍을 파서 다시 메우는 것만으로도 효과가 있다"라고 말했다고 합니다. 하지만 이와 같은 경제자극 정책이 실제로 얼마나 효과가 있는지는 오늘날에도 의문시되고 있습니다(이를테면, 공공사업에 종사하는 노동자가 소비를 줄이는 대신에 저축할 경우는 자금 순환이 멈추고, 소비 자극의 효과도 없습니다).

케인스 VS 통화주의자(Monetarist)

정부가 재량을 갖고 재정 정책을 펼쳐 경기를 자극시킨다는 케인스 학파에 통화주의자들은 반대했습니다. 그들은 정부에 의한 인위적인 재정확대지출은 매크로 경제의 실상에 대해 적절한 대응을 취할 수 없다고 주장했습니다. 마찬가지로 중앙은행이 재량을 갖고 화폐를 공급하는 것도 적절한 대응이라고 볼 수 없으며 오히려 실물경제에 부작용과 악영향을 끼친다고 했습니다. 통화주의자들은 물가의 장기적 안정을 중요시했기에, 화폐량의 증가율을 적절한 비율로 고정함으로써 재정, 금융을 인위적으로 조작해서는 안 된다고도 주장했습니다. 통화주의자의 대표 격인 인물은 밀턴 프리드먼입니다.

뉴딜 정책과
세계 경제

흔들리는 미국 경제

후버 대통령(공화당)은 자유주의 원칙을 굽히지 않았지만, 루스벨트(민주당)는 자유주의로는 경제를 바로 세울 수 없다며 정부가 경제에 적극 개입하는 정책을 취합니다. 재정을 적극적으로 사용해 실수요를 만들어내는 방법을 유효수요 정책이라고 하는데, 경제학자 케인스가 이 주장을 했기에 케인스 경제 정책이라고도 부릅니다(본서 276쪽 2장 참조).

루스벨트가 취한 일련의 경제 정책인 '뉴딜 정책'은 유효수요 정책을 그 토대로 삼았습니다. 뉴딜 정책의 공공사업으로 테네시강 유역 개발공사(TVA)가 대규모 댐 건설을 추진, 대량의 실업자에게 일자리를 제공함으로써 그들을 구제합니다. 오늘날의 일본 정부도 경기 대책이라는 명목으로 도로 등 공공사업에 거액의 예산을 투입하고 있습니다(이러한 정책의 효과는 의문시되고 있습니다).

세계 대공황 시대의 미국 경제는 공급과잉 상태였습니다. 라디오, 자동차 등을 너무 많이 만들었기에 제품의 가격 파괴 경쟁이 속출했고 디플레이션(디플레) 경제에 빠졌습니다. 지금의 일본과 비슷한 상황입니다.

제품이 팔리지 않는데도 제품을 너무 많이 만들어 낸 상태, 즉 디플레 경제에서 빠져나오려고, 뉴딜 정책에서 생산을 억제하고 통제해 공급량을 줄임으로써 제품의 부족 현상이 나타나면 제품의 가격 상승으로 이어질 것이라고 내다봤습니다. 단적인 예로 전국산업부흥법(NIRA)으로 공급과잉이었던 공업품 생산을 정부가 통제해, 생산량을 줄여 가격을 안정시킵니다.

이와 똑같은 생산 통제를 농산품에도 적응시킨 것이 농업조정법(AAA)입니다.

이 두 가지 법안은 생산자에게 생산을 중단시키는 대신 일하지 않아 돈을 못 번 만큼 정부가 보조금을 지급합니다. 이른바 보상금을 살포하는 정책입니다. 일을 하지 않아야 정부가 돈을 준다는 것은 미국의 건국 이후 줄곧 이어졌던 자유주의 경제의 대원칙에 어긋나는 일이지요.

그래서 연방재판소는 위헌판결을 내립니다. 뉴딜 정책의 일환으로 제정된 와그너 법은 노동자보호법입니다. 실업자·노동자 대책을 펼침으로써 소비자의 가계를 윤택하게 만들어 수요를 환기시키려고 했습니다.

리먼 쇼크 이후, 기업은 노동자를 대량 해고했습니다. 당시의 미국도 마찬가지로 많은 기업이 수익 악화로 인해 노동자를 대량 해고했습니다. 비정규노동자, 미숙련노동자를 지키기 위해 루스벨트는 와그너 법으로 부당해고, 부당임금을 금지시키고 각종 노동규제를 만들어 기업에 대한 감독·감시를 강화했습니다.

이처럼 보상금 살포, 노동자 보호를 추진했던 뉴딜 정책은 효과가 있었을까요.

단기적으로는 과잉생산 통제로 디플레 경제를 억제시키고, 노동자를 보호함으로써 노동자의 가계를 윤택하게 만들어 경제가 회복되었습니다. 다음 그림(본서 287쪽 참조)처럼 뉴딜 정책이 실시된 1933년부터 주가도 상승합니다.

뉴딜 정책으로 인한 재정 확대 지출이 일정한 효과는 있었지만, 통제 경제, 보상금 살포는 오히려 경제의 허리를 약하게 만들었습니다. 특히 뉴딜 정책은 노동자 보호가 과잉으로 이루어졌기에 파업이 빈번히 발생했고, 급여 인상이 노동 비용 상승으로 이어지면서 기업은 수익을 내지 못했습니다. 도산할 처지에 몰린 기업도 많이 있었습니다.

균형이 잡히지 않아 부자연스러운 뉴딜 정책으로 인해 장기적으로 미국 경제는 체력을 뺏겼고, 경기자극의 효과가 떨어지면서 그 폐해도 현저해졌습니다. 1938년에 정부채무의 막대한 누적을 우려해 재정 균형을 주장하는 목소리에 눌려 재정지출을 삭감한 결과, 경기가 다시 악화되면서 바닥으로 떨어지기 시작했습니다. 실업률이 19%까지 증가하면서 GNP가 6.3%로 감소했고 주가는 반값으로 떨어졌습니다.

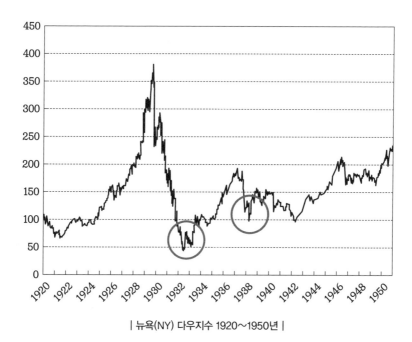

| 뉴욕(NY) 다우지수 1920~1950년 |

그 하락 속도는 주가뿐 아니라 철 공업 생산도 1929년의 대공황에 필적할 만한 심각한 수준이었습니다.

이렇듯 1938년부터의 경기 후퇴는 케인스의 유효수요 정책의 효과가 과연 타당한지 근본적으로 의심할 근거가 됩니다.

케인스의 친구였던 영국의 경제학자 피터 테민은 케인스 학파의 선봉장으로 나섰고, 1938년 이후의 경기 후퇴(리세션)를 뉴딜 정책의 재정 확대 지출, 금융 완화의 정도가 여전히 부족했기 때문이라고 변명했습니다. 그러나 오늘날에는 밀턴 프리드먼으로 대표되는 통화주의자의 이론에 의해 케인스 경제학이나 뉴딜 정책의 비실효성, 불확실성이 입증되면서, 케인스의 유효수요 정책을 긍정하는 견해는 거의 없습니다. 경기 후퇴 속에서 미국은 거액의 재정 적자를 떠안았고, 이 상황을 구제한 것은 제2차 세계대전이라는 전시 특수였습니다.

자국 우선의 폐쇄 정책

케인스는 재정지출을 위한 적자국채의 발행을 인정한 반면, 고전파 경제학이 주장한 '재정수지균형'의 이론은 멀리했습니다. 루스벨트의 뉴딜 정책도 재정지출의 확대, 금융완화에 의한 지폐증쇄, 적자국채의 증가 같은 정책이 취해졌고, 달러의 양이 늘면서 달러 가치 저하를 불러일으켰습니다.

달러 폭락을 우려한 나머지 사람들이 달러와 금을 교환했기에 금의 유출 사태를 피할 수 없었습니다. 이러한 상황에서 미국을 비롯한 각국이 금과 자국 화폐의 교환을 금지시키고 금본위제를 이탈합니다. 그 후에도 계속 달러는 폭락하고 나중에 자세히 설명하겠지만 세계 경제에도 악영향을 끼칩니다.

후버 공화당 정권은 고전파 경제학을 이론의 축으로 삼아 화폐 공급량을 억제하는 '금본위제'를 환율의 안정을 유지하기 위한 중요한 국제적 질서로 간주한 반면, 루스벨트의 민주당 정권은 이를 무시하고 재정·금융의 양쪽에 대해 화폐 공급을 확대하고, 그에 따른 경기 자극을 우선시했습니다.

이처럼 루스벨트 정권이 실시한 자국 우선의 폐쇄적인 경제 정책을 블록 경제라고 일컫습니다. 불황의 시기에는 수요가 떨어지고 생산

(일)이 줄어듭니다. 그래서 자국의 생산을 회복시키는 게 우선시되고 외국으로부터의 수입에 과도한 세금을 물려, 이를 저지합니다. 외국에 생산의 기회를 주지 않고 자국의 경제권에 우선적으로 자본·자금을 흐르게 만들어 자국 경제의 구제를 첫째 목표로 삼습니다. 자국 우선의 폐쇄적인 태도(보호주의)는 단기적으로는 자국의 산업 보호가 될지도 모르지만, 장기적으로는 세계 경제의 유통이 막히면서 상황을 점점 악화시킵니다.

	후버 (고전파 경제학)	루스벨트 (케인스 경제학)
재정 정책	자유주의 원칙 민간주도·긴축재정	유효수요 정책 정부주도·확대재정
금융 정책	금융 규제 = 화폐량 감소 ➡ 금 유출 방지 = 화폐의 가치 유지 금본위제 유지	금융 완화 = 달러의 증가 ➡ 달러 가치의 저하 ➡ 달러·금 교환 정지 자국 화폐 평가 절하 경쟁

| 후버, 루스벨트의 정책 비교 |

블록 경제의 유형은 두 가지가 있습니다. 하나는 수입 물자에 과도하게 높은 세금을 물려, 가격의 벽을 만들어 사실상 수입을 차단하는 것입니다. 이로 인해 자국 산업에 우선적으로 수요가 몰리고, 자국의 산업 활동을 촉진시켜 회복을 꾀합니다. 또 하나는 금본위제를 정지하는 것입니다. 금(골드)은 환율기준의 존재가 명확하지 않았던 시기에 각국 통화의 교환기준으로 사용되었습니다. 금본위제를 정지하고, 국제경제의 규칙에서 탈퇴해 자국 화폐의 교환 기준(환율)을 멋대로 내

리는 것입니다.

가령, 1달러=100엔일 때, 일본인은 1달러의 미국산 콜라를 100엔에 삽니다. 1달러=80엔이면 일본인은 1달러의 콜라를 80엔에 삽니다. 달러 가치가 내려갈수록 일본인은 미국산 콜라를 싸게 살 수 있고, 구매력도 높아집니다. 자국의 화폐 가치를 낮추어 외국의 수요를 불러일으키고, 외국으로부터의 구매와 자국 수출의 촉진을 꾀합니다.

영국의 맥도널드 노동당 정권은 1931년에, 미국의 루스벨트 민주당 정권은 1934년에 각각 금본위제를 정지했습니다. 금이 유출될 걱정도 없고, 금과의 교환이 정지된 달러 지폐, 파운드 지폐는 금융완화로 인해 무제한으로 찍어낼 수 있고, 그 결과 가치 저하를 불러일으킵니다. 자국의 편리상 평가 절하를 하는 셈입니다. 하지만 달러는 독일의 마르크에 대해서는 평가 절하를 하지만, 일본의 엔에 대해서는 높은 기준을 적용하는 등, 반드시 모든 나라의 화폐에 대해 똑같이 평가 절하를 적용하지는 않고, 금융 정책 이외의 제반 사정도 고려해서 환율이 정해졌습니다.

블록경제가 일으킨 제2차 세계대전

미국, 영국이 금본위제를 이탈함으로써 자국 화폐의 자의적인 평가 절하 경쟁이 일어났고, 환율 질서가 대혼란에 빠졌습니다. 자유무역은 붕괴되고 세계경제는 블록 경제라는 폐해와 폐쇄 상황에 직면하게 되었습니다.

블록 경제는 수입을 차단하고 수출을 촉진하는 정책입니다. 자국의 산업을 활성화시켜 고용 기회를 만들어내고, 자국의 경제를 살리려는 목적을 지닙니다. 하지만 동시에 외국의 수요를 빼앗고 외국의 생산을 저하시키며, 그 고용기회도 뺏게 됩니다. 이른바 힘이 있는 선진국이 외국의 경제활동 기회를 먹어치우는 것과 같습니다.

실제로 일시적으로는 자국에 대한 효과가 있었지만, 경제활동 기회를 빼앗긴 외국의 경제는 그 타격을 입었고, 나아가 공황으로 더욱더 타격이 겹치는 바람에 1930년대 후반부터 실업률이 다시 급증합니다.

이러한 상황 속에서 세계경제의 유통은 마비되고 위기 상황에 빠져드는데, 제2차 세계대전의 거대한 전시 수요(군수물자, 자원의 수요)가 이 경제위기를 구해줍니다.

블록 경제는 '가질 수 있는 나라'와 '가질 수 없는 나라'의 격차를 낳습니다. 영국·미국·프랑스처럼 '가질 수 있는 나라'는 식민지로 석유자원 따위를 조달할 수 있지만, 독일·일본처럼 '가질 수 없는 나라'는 자원을 조달하려고 외국을 침략합니다. 제2차 세계대전은 블록 경제로 인해 발생했다고 해도 과언이 아닙니다.

글래스 스티걸(Glass Steagall) 법과 볼카 룰

1938년, 뉴딜 정책의 일환으로 은행이 증권 업무를 겸하는 행위를 금지하는 글래스 스티걸법이 제정되었습니다. 예금자의 예금을 주가폭락으로부터 막으려는 법률입니다. 하지만 은행은 출자회사를 설립, 그 출자회사에 주식 거래를 시킴으로써 규제에서 빠져나갔기에 글래스 스티걸 법은 사실상 구속력이 없어졌습니다. 2008년의 리먼 쇼크 이후에도 FRB의장을 역임한 볼카를 중심으로 은행의 증권거래를 금지하는 법안(볼카 룰)이 제출되었지만, 업계의 강력한 반발로 법안 도입이 미루어졌습니다.

제2차
세계대전

왜곡된 자본주의, 파시즘

1871년, 독일 제국이 탄생하면서 정부주도의 근대산업화가 추진되었습니다. '위로부터의 근대화'에 의해 생겨난 독일 산업의 각 기업은 정부와 유착한 국가 규모의 독점 기업체였습니다.

정부로부터 보호받는 소수 기업이 가격협정을 맺고 시장을 독점하여, 카르텔이라는 독점형태를 형성합니다. 이를테면, 석유회사 몇 곳이 가격을 담합해서 비싼 가격으로 휘발유를 독점 판매하는 형태가 카르텔입니다. 이와 같은 기업 간의 담합은 기업통합을 촉진시켜 최종적으로 한 회사가 시장을 독점하게 되면서 '트러스트'라는 독점형태를 형성합니다. 가령 어떤 한 곳의 독점 석유회사가 일방적으로 시장에 대해 판매 가격을 결정하는 상태가 트러스트입니다. 이 독점 석유회사가 철강, 섬유, 화학 같은 타 분야의 산업과 연계, 통합되면 콘체른이라고 불리는 복합기업이 됩니다. 20세기에 들어 독일기업은 트러스트, 콘체른 같은 독점기업체로 발전하면서 초(超)거대 회사가 됩니다.

필연적으로 독점자본회사는 보다 많은 이윤과 자본을 지배하려고 해외로 진출합니다.

이때, 독점자본은 '자국민의 우월성'을 기치로 내걸어 외국에 대한 지배를 정당화하는 민족주의를 필요로 하고, 당연히 민족주의 색깔을 띤 정당, 정권과 유착합니다. '독일인의 우월성'을 주장한 민족주의 정당인 나치는 독점자본회사 재벌인 크루프(군수산업), 이게파르벤(화학)과 유착했습니다. 당시 독일 기업은 유태인들의 자본에서 많은 돈을 빌려 거액의 채무를 지고 있었는데, 나치스(Nazis)가 유태인을 박해함으로써 그 채무가 저절로 사라졌습니다.

파시즘은 독점자본과 민족주의 정치가 융합한 정치형태라고 정의할 수 있습니다. 독일, 일본처럼 늦게 출발한 자본주의 나라에서는 '위로부터의 근대화'에 의해 일부 거대재벌기업만이 시장 점유율의 대부분을 차지하는 독점자본주의가 활개 쳤습니다. 독점회사(재벌)는 민족주의 사상·정당과 유착해 해외로 진출, 축적된 자본으로 세계적 우위를 점령, 지배하려듭니다.

히틀러가 주도한 나치스의 정식 명칭은 '국가사회주의 독일 노동자당'이지만, 사회주의 정당은 아닙니다. 그럴듯하게 국민 대다수를 차지하는 노동자들의 지지와 표를 얻으려고 겉모습만 꾸민 간판입니다. 본질적으로 나치스당은 거대독점 자본회사와 유착한 극단적인 자본주의 정당입니다.

독일·바이마르 공화국은 1929년의 세계 대공황에 대응하지 못해 혼란에 빠져 자국민들이 고생하고 있었고, 나치스당은 교묘한 선전 (프로파간다)으로 급속히 그 세력이 확대되고 있었습니다. 1932년, 히틀러·나치스당은 의회 제1당이 되었고, 1933년에 히틀러는 수상으로 임명됩니다. 고속도로건설 등 공공사업, 군수산업에 예산을 투입하니 실업자가 격감할 만큼 히틀러의 경제 정책은 신속하고 효과적이었습니다.

독일경제는 V 자 회복을 그렸고, 그것은 미국의 뉴딜 정책이 실시된 시기와 겹칩니다. 경제회복의 공로자인 히틀러는 압도적인 국민의 지지를 배경으로 1934년, 전권 위임법으로 총통(퓌러)에 취임했습니다.

적자공채의 인수

나치스는 군사 확대를 위한 거액의 비용을 확보하려고 대량의 적자공채를 발행했습니다.
크루프 같은 독점기업이 공채를 무제한으로 인수했습니다. 독점기업은 인수한 공채를 거짓 회계로 조작해 그 결손을 은폐했고, 나치스 정부와의 유착을 강화했습니다.

히틀러의 전쟁

나치스와 독일이 점점 강력해지면서 그 위협을 두려워한 프랑스는

1935년, 소련과 프랑스-소련 상호 원조 조약을 맺습니다. 프랑스는 1929년의 세계 대공황 이후 국민경제가 파탄나면서 사회주의 세력이 힘을 얻어 사회당인 좌파 정권이 계속 집권했습니다. 프랑스의 좌파 정권은 소련의 지원을 얻어 나치스·독일의 위협에 대처할 계획이었습니다.

프랑스와 소련의 밀접한 관계에 위기를 느낀 나라는 영국이었습니다. 스페인에서도 사회당 좌파정권이 줄곧 집권하고 있었고, 유럽 대륙 전체가 사회주의화될 우려가 있었습니다. 영국은 확산되는 사회주의 세력에 대항하려고 독일에 접근해, 1935년 영국-독일 해군협정을 맺고 독일의 해군 군사력 확대를 용인합니다.

나치스·독일의 외교적 지위가 향상되면서 히틀러는 이탈리아·일본과 반공산주의 동맹을 맺습니다. 히틀러는 일본과 동맹을 맺고, 소련을 포위했습니다. 일본은 워싱턴 회의에서 미국·영국에 의해 고립되어 있었습니다(본서 266쪽 1장 참조). 또한 이탈리아도 에티오피아의 병합으로 국제연맹으로부터 경제 제재를 받고 고립되어 있었습니다.

1938년, 독일은 오스트리아를 병합하면서 사상 최초로 독일민족의 비원인 통합이 달성됩니다. 히틀러는 동방, 소련 방면으로 진출할 결의를 굳히고 독일계 민족이 많은 체코슬로바키아의 서부 지역을 양도하라고 체코슬로바키아에 요구했습니다. 1938년, 뮌헨 회의가 개최되고 영국 수상인 챔버린은 히틀러의 체코슬로바키아 서부 지역의 병합을 승인합니다. 프랑스도 히틀러가 동방으로 진출하는 대신 자기 나라 쪽으로 오지 않는 것을 반겨, 기꺼이 병합을 승인했습니다.

영국은 1935년의 영국-독일 해군협정 이후, 사회주의인 소련을 봉쇄하려고 독일과 타협하는 전략을 취했습니다. 이 전략을 챔버린 수상도 답습해 뮌헨 회의에 소련의 스탈린은 초대받지 못했습니다. 챔버린은 독일이 소련과 전쟁하면, 두 나라 모두 무너질 것이라고 예상했습니다.

하지만 독일은 1939년, 소련과 '독일-소련 불가침 조약'을 맺으면서 챔버린의 예상을 벗어난 방향으로 나가기 시작합니다. 실제로 이 불가침조약은 폴란드의 분할을 위한 일시적인 것으로, 분할이 끝나면 독일과 소련은 전쟁도 불사할 각오였지만 그 사실을 모르는 영국 국민들은 챔버린의 독일 협조 정책에 비판 일색이었습니다.

챔버린이 속한 보수당의 강경파인 처칠은 특히 챔버린 비판의 선봉장으로 당내 항쟁을 벌임으로써 챔버린 파를 옴짝달싹하지 못하게 만듭니다. 챔버린처럼 앞날을 내다보는 전략가보다는 처칠처럼 시류에 영합해 대놓고 말하는 선동가가 국민의 인기를 얻기 쉬운 법입니다.

9월 1일, 독일의 폴란드 침공을 계기로 영국·프랑스가 자국의 여론에 밀려 독일에 선전포고를 했고 제2차 세계대전이 발발합니다. 처칠이 챔버린과 교대해 수상이 됩니다. 독일의 동맹국인 일본도 진주만 공격을 거쳐 태평양 지역에서 미국과 전투를 벌입니다.

히틀러는 폴란드의 분할로 소련과 국경을 맞대게 되었고, 그 사실을 영국이 용인할 것으로 예상했습니다. 하지만 영국 국내에서 독일에 대한 비판적 여론이 형성되면서 그에 떠밀려 선전포고를 했습니다. 히틀러에게 영국의 선전포고는 아닌 밤중에 홍두깨였고, 히틀러

자신도 영국, 프랑스와 전쟁할 의지는 없었지만 일방적으로 전쟁을 강요당한 입장이 되었습니다.

다만 영국이나 프랑스도 독일과 전쟁을 치를 준비가 되어 있지 않았기에, 선전포고는 했지만 아무 것도 못할 상황이었습니다. 그동안에 히틀러는 폴란드 점령을 완수하고 신속히 주력군을 프랑스로 돌려 전격적으로 프랑스를 침공해 1940년, 파리를 함락시킵니다.

게다가 히틀러는 런던을 공습해, 영국과의 전투도 본격화시켰습니다. 동시에 소련도 침공하면서 양 방향 작전을 전개했습니다. 하지만 전투가 동서로 확대되면서 전투수행 능력에 한계가 왔고 1934년 이후로 독일의 열세가 눈에 띄게 심해집니다. 비슷한 시기에 미국과 전투를 치르고 있던 일본도 한계가 오면서 열세에 몰립니다.

루스벨트가 초래한 냉전 시대

미국은 일본과 태평양 지역에서 전투를 치렀지만, 처음에는 유럽 정세에 관여하지 않았습니다. 하지만 당시 대통령인 루스벨트는 유럽에 대한 자국의 영향력을 강화하고 그 주도권을 쥐려고 유럽 전선에 개입하고 싶었습니다.

그래서 독일과 싸우고 있던 소련, 영국과 손을 잡았습니다. 루스벨트는 특히 소련과 밀접한 관계를 맺고 독일·일본에 대한 공동 대응을 꾀했습니다. 1943년의 테헤란 회의, 1945년의 얄타 회담에서 루스벨트는 스탈린과 더불어 독일·일본에 대한 공동 침공, 전후의 공동 분할 통치를 결정했습니다.

이러한 합의에 따라 미국은 유럽에, 소련은 극동에 개입하며 공동 작전을 펼쳤습니다. 오히려 외톨이 신세는 영국의 처칠로, 미국과 소련의 양대 세력이 주도권을 쥐면서 한쪽으로 밀려나게 되었고, 영국의 외교적 지위도 크게 떨어졌습니다.

본디 영국과 미국이 주도권을 쥐어야 할 작전에 루스벨트는 소련을 끌어들였고, 처칠은 루스벨트의 의도에 휘말려 자신의 외교 전략에 결함이 있음을 내보이게 되었습니다.

얄타 회담에 이어 포츠담 회담에서는 루스벨트가 급사하는 바람에 부통령에서 대통령으로 승격한 트루먼이 출석했습니다. 영국은 처칠(보수당) 대신에 총선거에서 승리한 애틀리(노동당)가, 소련은 스탈린이 참석했습니다. 루스벨트와 트루먼은 같은 민주당이면서도 사고방식이 달라 각기 좌파파벌과 우파파벌의 리더였습니다. 당시의 민주당은 정권을 유지하려고 표면적으로는 당내 결속을 과시했지만, 당내 파벌 싸움이 심해서 실제로는 분열 상태였습니다. 우파파벌을 이끌었던 루스벨트는 공산주의에 협조적이었지만, 좌파파벌의 리더인 트루먼은 공산주의 소련을 적대시했고 공산주의 세력이 전 세계로 퍼지면 위험하다고 생각했습니다. 실제 트루먼의 예상대로 그 후 세계는 냉전이라는 위기 상황으로 접어듭니다.

루스벨트가 죽은 후, 포츠담 회담에 참석한 트루먼은 스탈린을 비판하며 루스벨트와 소련과의 협조 노선을 철회합니다. 특히 일본에 대해서는 소련의 개입을 인정하지 않는 완고한 태도를 취합니다. 트루먼은 독일에 대해서도 소련을 배제하고 싶었지만, 이미 소련의 독일 점령이 진행되고 있었기에 자신의 의도를 이룰 수 없었습니다.

트루먼은 스탈린을 배제하면서 포츠담 선언을 발표해, 일본에 무조건 항복을 요구합니다. 배제된 스탈린은 미국에 대항하며 재빨리 일본을 점령할 의도로 홋카이도로 군을 진격시킵니다. 오키나와를 점령한 미국도 신속히 일본 본토를 점령해 항복을 받아내려고 원자폭탄 투하라는 비상수단을 사용합니다.

그 결과, 일본은 포츠담 선언을 수락하며 무조건 항복했고 완전히 미국에 점령됩니다. 만일 미국의 점령 시기가 늦어져서 소련의 개입을 허용했다면 일본은 독일과 마찬가지로 전후 국토분열이라는 참담한 결과를 낳았을지도 모릅니다.

그런데 루스벨트는 왜 앞서 언급한 것처럼 소련과의 협조에 신경을 썼는지 이해하기 어려운 점이 많습니다. 루스벨트가 소련과 연계함으로써 실제로 스탈린·소련의 외교적 지위가 크게 향상되었고 그 존재감도 커졌습니다. 정상적으로 따져본다면 미국은 영국과 손을 잡고, 양국이 공동작전을 펼쳐 공산주의 소련의 동향을 견제하면서 동시에 독일을 압박하는 게 타당한 전략이었습니다. 그런데 루스벨트는 소련을 파트너로서 인정하고 소련이 국제무대에서 활약할 기회를 줌으로써 공산주의를 조장했습니다.

루스벨트가 공산주의의 위협을 가볍게 여겼거나, 공산주의에 친근감을 가졌거나 둘 중 하나라고 여겨지지만 많은 사람들은 후자라고 판단합니다. 여하튼 루스벨트가 소련과 외교적 협조를 맺은 결과, 전후에 냉전이라는 중대한 위기를 초래하게 됩니다. 미국·소련의 양 대국은 핵무기를 보유했기에, 1962년 '쿠바 위기' 때는 핵전쟁의 가능성까지 직면했습니다.

그 후, 소련은 공산주의 계획경제의 실패가 두드러지면서 1991년, 내부가 붕괴했고 냉전의 위기도 사라졌습니다. 냉전 시대의 갖가지 위기와 곤경을 극복하고 오늘날의 세계가 존재하고 있다는 사실은 어쩌면 기적이라고 봐도 좋겠지요.

마치며

퓰리처상 수상으로 화제가 된 《총 균 쇠》(저자 제러드 다이아몬드)는 간행된 지 10여 년이 흘렀지만 지금도 베스트셀러 역사서입니다. 그의 다른 저서들도 모두 역사서 베스트셀러에 올라와 있습니다. 그것들은 간단하면서 읽기 쉬운 책이 아니고 오히려 '길고, 무겁고, 어려운' 삼박자를 갖춘 학술적인 전문서입니다. 그런데도 왜 인기가 있을까요.

제러드 다이아몬드의 역사 현상에 대한 분석은 독창적이라서 지금까지의 역사가가 저술하지 않았던 시점을 파고듭니다. 그는 역사학자가 아닌 생물학자이기에 역사학의 정설에 구애받지 않고 그것을 뒤집는 참신한 시점으로 이론을 전개합니다. 인종·민족의 DNA, 체질·성질을 거론하고 병리학, 환경학, 생태학 등 그의 전문분야의 시점은 물론이고 지리학, 기후학, 과학 기술, 민속학 등 모든 시점을 도입해 종래의 역사학과는 다른 방법을 제시합니다.

사실 종래의 역사학은 사건의 문맥설명을 중심으로 나열한 것에 불

과했습니다. 단도직입적으로 말하자면 표면현상을 추종하는 방법론
이라 무난하기는 하지만 본질을 꿰뚫지는 못했습니다. 그는 현상의
배후에 감춰져 있는 심층·심연에 도전해 지적인 모험정신으로 역사
의 '상식'을 뒤집습니다. 그 명확한 논리전개에 독자는 매료됩니다.

문명 혹은 국가는 탄생하고 붕괴됩니다. 대부분의 역사책은 그 흥
망이 '어떻게' 발생했는지를 자세히 서술하고 있습니다. 하지만 그 흥
망이 '왜' 발생했는지를 추구한 책은 아주 드뭅니다. 그 드문 책이 바
로 제러드 다이아몬드의 저작입니다.

독자는 역사에서 '어떻게'를 바라지 않고, '왜'를 바랍니다. 그는 '왜'
라는 질문에 훌륭히 대답했습니다. 한편 많은 역사서의 저자들은 '왜'
라는 영역에 깊이 들어가지 않고 '어떻게'의 차원에만 머물고 있습니
다. '왜'에 도전하여 논리를 전개하고 있다고 여겨도, 실제로는 '어떻

게'를 길게 늘여 설명할 뿐입니다. 발생한 사건, 일을 나열해서 '어떻게'를 설명하는 편이 훨씬 자신들의 입장에서는 편하기에 타성적이 된 것이지요.

평범한 저로서도 예외는 아닙니다. 하지만 타성의 강물에 휩쓸려갈지도 모른다는 생각이 들어 필사적으로 강둑에 뻗친 가지를 붙잡고 끝까지 버틴 결과, 이 책이 탄생했습니다.

'타성적이 되면 그걸로 끝'이라고 각오하며 앞으로도 역사서 집필에 혼신의 힘을 쏟을 생각입니다.

저를 비롯한 편집부의 이러한 시도에 대해 독자의 깊은 이해와 지지가 그득하길 마음속 깊이 바랍니다.

우야마 다쿠에이